面向未来的育人之道

王殿军 著

清华大学出版社
北京

内容简介

本书作者基于 40 年的教育与管理经验，本着"为领袖人才奠基、引领教育改革创新、努力承担社会责任"这三大使命，从"热点话题与政策解读、学校教育与家庭教育、课程建设与教学改革、教师成长与专业发展"四个方面，分享了教育创新的新理念与提升学生综合素质的一系列成功经验，有助于一线校长、教师以学生素养为导向，营造更优良的育人环境，提供高品质的教育，引领学生绘制生命最美的图案。

本书封面贴有清华大学出版社防伪标签，无标签者不得销售。

版权所有，侵权必究。举报：010-62782989，beiqinquan@tup.tsinghua.edu.cn。

图书在版编目（CIP）数据

面向未来的育人之道 / 王殿军著. — 北京：清华大学出版社, 2022.8（2023.3 重印）
ISBN 978-7-302-61668-9

Ⅰ.①面… Ⅱ.①王… Ⅲ.①中学教育－教育研究 Ⅳ.① G632.0

中国版本图书馆 CIP 数据核字 (2022) 第 145066 号

责任编辑：杨爱臣
装帧设计：常雪影
责任校对：王荣静
责任印制：朱雨萌

出版发行：清华大学出版社
    网　　址：http://www.tup.com.cn，http://www.wqbook.com
    地　　址：北京清华大学学研大厦 A 座　　邮　　编：100084
    社 总 机：010-83470000　　邮　　购：010-62786544
    投稿与读者服务：010-62776969, c-service@tup.tsinghua.edu.cn
    质 量 反 馈：010-62772015, zhiliang@tup.tsinghua.edu.cn
印 装 者：三河市东方印刷有限公司
经　　销：全国新华书店
开　　本：170mm×230mm　　印　张：12.25　　字　数：170 千字
版　　次：2022 年 8 月第 1 版　　印　次：2023 年 3 月第 3 次印刷
定　　价：49.00 元

产品编号：098501-01

教育评估科学化
是推进基础教育改革的"牛鼻子"

——谈清华附中"基于大数据的学生综合素质生成性评价系统"(代序)

胡显章

2001年10月我曾经在一个中学与大学教育衔接校长论坛上做过一个发言,在开头谈道:"过去,在运作大学、中学的衔接时,一般着重考虑知识体系。我认为,带有根本意义的是办学理念、教育思想的衔接和科学化。办学理念涉及教育本质论和目的论这样的教育哲学问题。教育是什么?教育为什么?教师为何而教?学生为何而学?对这些问题的认识与实践并未由必然王国进入到自由王国。长期以来,高考的指挥棒,实际上在很大程度上左右着中学的教育,无论对中学校长、教师,还是对中学学生、家长,'智育第一'和偏窄的人才观还是有很大的现实影响力和束缚力。社会需要什么样的人、人自身最终要成为什么样的人,应当成为教育的导向和驱动力。"现在将近20年过去了,人们对教育的目的论和学校办学理念的共识已明显提高(当然仍不平衡)。但是,如果不能有效地改变"一考定终身"的指挥棒,即便有了科学的办学理念,最终也难以落实。在上述发言的结尾,我提到要"对高考进行公正有效的改革,使得学生全面素质的评估科学化,改变'一考定终身'的局面"的愿景。针对这个问题,2014年国务院和教育部颁布文件,明确提出将综合素质评价作为高考招生录取的重要参考,这是打破"一考定终身"定势的重要改革指令。但是,综合素质评什么?怎么评?怎样做到科学公正?这是一个世界性的难题。

我们高兴地看到王殿军校长带领清华附中团队,在明确科学办学理念的基础上,抓住教育评估科学化这个"牛鼻子",创造性地探索构建了一个"基于大数据的学生综合素质生成性评价系统",取得积极的效果,荣获北京市基础教育教学成果奖特等奖和基础教育国家级教学成果奖二等奖,已在北京全市高中正式使用,并向多个省市推广。为什么这个评价系统能够取得可喜的成功?它给人们怎样的启迪?

首先,理念是先行。没有科学的办学理念就不会有正确前行的方向和动力。什么是教育的目的?人类文明进程实质上是人们不断追求真善美理想境界的过程,马克思主义创始人将美好社会的建立和人的自由全面发展作为奋斗目标和教育目的,我国的教育方针明确提出要培养德智体美劳全面发展的人才。为此,王殿军校长为教育确立了"三维"目标,即评估体系要包含三个方面的考查:包括文化课考试、综合素质评价和能力测试。他认为:"当我们能将这三者整合在一起作为招生的依据时,中国教育的改革才能真正到位。"而真正困难的是综合素质评价。

第二,评价要科学。教育部改革方案中提到了学生综合素质应该包括的5个方面:思想品德、学业水平、身心健康、艺术素养、社会实践。比之以往仅仅以知识存量和提取知识的准确性作为考试评价和高考录取依据,有了本质性的突破。但是,王殿军校长认为在实际操作中,这5个方面细化成二级指标乃至三级指标之后,依然难以描述、观察、评判和量化,导致"无法落地"。王殿军深受清华"行胜于言"校风的感染,锲而不舍地在可操作上下功夫。

经过实践探索,他形成了三点评价要旨:其一,要评价的是通过教育能够发展起来的素养;其二,评价的素养应能够通过学生的行为来体现;其三,要通过行为记录、过程累积和发展变化来进行评价。王殿军认为,通过这种架构建立起来的评价系统,能够直接地检验教育的科学性和有效性,还能为改进教育过程提供反馈信息。通过数据能直观看到学生发展是否全面,若在教育过程中出现问题,学校和老师能够及时发现并进行干预。

王殿军校长认识到,为了增强清华附中评估系统的有效性,必须将科学性与可操作性统一起来,将促进学生全面发展和个性成长统一起来,将适应中学的培养目标和每个学校的特点统一起来,将适应高考共同要求与各高校的特殊要求统一起来,在整个过程中还要把学生的主体作用与学校、教师的主导作用统一起来。由此提供的评价系统才是切合实际的辩证发展的,不是"一刀切"的僵死体系。如王殿军所说,综合素质评价并不意味着要求学生全方位平均发展。每个学生的强项是不一样的,但是可以通过构建恰当的数学模型,解决他们的强项等值的问题。综合素质评价其实就是学生个性的集合评价,需要用一种比较科学的方法让每个人的个性特长在综合素质评价中发挥作用,而不是要求十项全能。所以综合素质评价更科学的说法是多维度、多元化的测试。目前清华附中的综评体系设有9大模块、46个维度,无论是模块、维度数量还是赋分,都能够进行动态设定,可以根据不同使用者,因地制宜开展评价,切实指导教育教学。模块与维度的设定要确保高校或者高中对内容感兴趣,能够适应学校的共同要求和特殊要求,调整相关内容,需要经过反复研究和确认,以使得综评真正能够为学生发展、学校发展服务。

第三,评价系统能否存活,一个关键性因素在于公正性。以往"考试定终身"得以公认,就在于它的公正性,而人们对于综合评估的担心就在于是否公正,不公正,就不能存活。清华附中的评价系统一个重要的方法就是以动态的"电子日记"追踪人才培养和发展,类似于微信朋友圈,学生的行为记录提交之后会在设定范围内进行公示。每个人都能判断是否客观真实,如有异议,可以质疑,引发审查程序。若经过专人调查、复议，证实是弄虚作假的行为，就会被记录到不诚信模块；如果是被无端恶意质疑，也会把无端恶意质疑者的行为记录到不诚信模块之中。这样通过科学的设计，在确保公正的同时，也进行诚信教育和诚信习惯的培养。

王殿军希望系统继续完善，可以从孩子上小学一直使用到大学，记录人生发生的事情和成长路径。这对于选拔人才、研究人才培养规律都是有益的，也可以为长期追踪优秀人才的培养发展奠定基础。

在这里值得进行理性思考的是，评价体系一个重要出发点就是让教育引导学生了解自我，发现自我，找到自己的潜力与不足，明了自己应该走向哪里。这实际上是引导学生实践人生哲学的核心问题。教育是发展人的生命的实践，生命论的哲学基础体现了教育的本质特征。华东师大原副校长叶澜教授指出："21世纪新型教育要自觉地追求把精神生命发展的主动权还给学生，要培养具有主动发展的需求、意识和能力的新人。"法国教育思想家爱德加·富尔在《学会生存》一书中提道："未来的学校必须把教育的对象变成自己教育自己的主体，受教育者必须成为教育他自己的人，别人的教育必须成为这个人自己的教育"。王殿军校长有一个观点，他认为："很多人批评应试教育的原因是认为应试教育培养出来的学生综合素质不行。应试教育最大的害处是，为了提高效率，教师在教学中用自己的劳动和智慧让孩子省去了很多学习的过程。"所以，在清华附中的综合素质评估系统中，抓住了学生成长过程这一核心环节，并采取以学生自我记录和评价为主体的方式，并使之公开化；同时结合具体情况和需求，适当增加老师、家长、同伴的主观性评价功能。最重要的是做好因材施教，点亮孩子心中的梦想，启动他内心的发动机。这样做不仅有效地解决了素质评价难的问题，而且是把发展受教育者精神生命主动权放在突出位置，体现了注重教育主体自我教育、自我管理的作用，这代表了教育前行的方向，注定具有强大的生命力。

目前，清华附中的学生综评系统已经得到了许多教育专家、教育部相关部门和许多大学、中学的认可。正如王殿军校长所说：一个新制度让所有人都能懂，都能满意，都能欢迎，实实在在地讲，是不容易的。但只要有魄力，勇于实践，是可以做好的。我们要在符合教育规律的基础上，借鉴全世界先进国家的评价方式，认真研究我国的国情和现阶段的发展状态，制定综合素质评价的具体政策，是可以不断有所发现，有所创新，有所前进的。现在清华附中在不断完善学生综合素质评价系统的同时，正在实施"大数据教师评价系统"并开发一套对学校进行评价的全新系统，使之成为促进办学过程科学化的重要依据。王殿军表示：建成全套的评价体系后，希望通过这种符合教育规律的、国际化的中国教育评价体系的高效运行，让清华附中成为中国最好的学校，最具世界影响力的学校。

我们期待着清华附中在实践中不断推进教育评估科学化，并受到更多的关注和支持，也希望有更多的学校和教育工作者参与到教育评估科学化的探索之中，为创建中国特色的教育体系做出持续的努力！

2021 年 4 月

第一辑　热点话题与政策解读

以作业管理促进教学质量提升 / 3

中小学读物管理何以落实 / 8

发掘手机管理的教育价值 / 13

"双减"背景下，学生需要怎样的寒暑假作业 / 17

"强基计划"如何引导基础教育发展 / 20

以体教融合促进竞技体育人才培养 / 27

用评价改革引导教育高质量发展 / 32

落实"双减"，学校如何负起应尽责任 / 37

如何把好课外读物进校园入口关 / 42

如何为新高考做好准备 / 45

"后疫情时代"的教育价值观念之思 / 49

借力新课标，促进义务教育新发展 / 52

第二辑　学校教育与家庭教育

全面松绑，方能激发学校办学活力 / 57

如何培养造就更多的优秀教师 / 62

如何充分发挥体育的育人价值 / 67

建立有利于提升科学素养的课程与教学体系 / 72

让学生在"动"中全面发展 / 76

如何改革发展拔尖人才培养体系 / 80

注重能力培养，重塑评价体系 / 89

家长如何帮助孩子平稳度过青春期 / 92

家校如何携手走出家庭教育的误区 / 95

呵护好奇心，培育科学家精神 / 102

最好的家庭教育，是对孩子放手而不撒手 / 105

第三辑　课程建设与教学改革

开设综合课程要避开四个误区 / 113

数学教育思维第一 / 117

正确认识作业的价值，做好作业管理 / 121

如何提高活动育人的实效 / 124

体育评价要摒弃应试思维 / 128

如何加强和改进科学教育 / 130

第四辑　教师成长与专业发展

学校如何支持教师专业发展 / 137

如何成为研究型教师 / 142

教师如何对待学生的错误 / 146

怎样做一个善于提问的教师 / 149

努力成为"三有"反思型教师 / 154

建设优秀的班级文化，班主任何为 / 158

中小学教师要不断提高数字素养 / 162

附 录　媒体访谈

附录一

清华附中探索"不肤浅"的体育教育

新华社记者　王镜宇 / 167

附录二

王殿军：引领学生绘制生命最美的图案

《中华英才》记者　王照超 / 171

PART 1

第一辑

热点话题
与政策解读

以作业管理促进教学质量提升

教育部办公厅印发的《关于加强义务教育学校作业管理的通知》(以下简称《通知》),对作业管理提出了具体指导意见,厘清了在作业问题上教师、学生和家长各自的角色定位,明确了学校与家庭的责任边界,对落实作业管理提出了具体保障措施,为中小学作业管理提供了基本遵循。

《通知》能够解决真问题

作为一名中学校长,我认为认真贯彻落实作业管理的十条要求,不仅有助于扭转学生课业负担过重、作业功能异化的问题,更重要的是可引导师生、家长深刻认识作业的内涵及其独特价值,通过作业管理,达到规范教学管理、全面提升教育教学质量的目的。

首先,《通知》明确了作业的功能定位和价值所在,解决了"什么是作业"和"有什么用"的问题。作业是学校教育教学工作的重要环节,是课堂教学活动的必要补充。科学合理的有效作业,对学生来说,可以巩固知识,形成能力,培养习惯;

对教师来说，可以检测教学效果，精准分析学情，改进教学方法；对学校来说，可以借此完善教学管理，开展科学评价，提高教育质量。

其次，《通知》提出了作业的数量、类型方式和质量标准，明确了"什么是高质量作业"和"作业有哪些形式"的问题。作业并不是数量越多越好，各个学段作业量都要服务于学生健康成长。《通知》提出，高质量的作业一定是符合学习规律、体现素质教育导向的，高质量的作业一定是形式多样的，而不是简单机械地"刷题"、训练。

第三，《通知》界定了作业相关方的职责，解决了"谁来干"和"干什么"的问题。《通知》提出，教师要精准设计作业、认真批改反馈作业，不能给家长布置作业；学校要抓好作业设计的校本教研，履行作业管理主体责任；家长要合理安排孩子课余生活，激励孩子坚持进行感兴趣的体育锻炼和社会实践、不盲目加码；各级教育行政部门要指导学校完善作业管理细则，把作业管理纳入评价督导中，并加强校外培训机构日常监管，避免"校内减负、校外增负"。

如何把《通知》落到实处

如何将《通知》贯彻落实下去，打通"最后一公里"？我提出五点建议。

一是把提升教师专业素养作为提高作业质量的突破口。作业具有检验学习效果、巩固所学知识、促进应用拓展、发现"盲区"改进教学的功能，为达到不同目的，需要进行不同的作业设计。教师布置作业，看似是一项常规而简单的工作，实则是充满创造性的活动。

教师只有吃透课标和教材，深刻认识学科核心素养导向下的课程教学改革理念，以学生的"学"而非教师的"教"为出发点，才能设计出符合教学规律和学生身心发展规律的作业，通过布置少而精的作业，达到事半功倍的效果。设计作业、编题命题的能力，是体现教师专业素养的一个重要方面。

二是把作业研究作为学校教研工作的重点。很多学校认为作业问题没啥可研究的，不重视，或者直接拷贝某某名校的课外辅导材料给学生布置作业，这是一种不负责任的行为。每个学校的校情、学情不同，直接照搬照抄别人的东西可能造成"水土不服"或"消化不良"。学校应该把作业设计作为一个重要的教研方向，在学习借鉴的基础上，教师们集体研究，分工协作，以一个单元、一个学段、一个学期或学年为时间单位，系统化选编、改编、创编具有校本特色的作业，根据学生的学情确定作业的难度与数量，必要时还可以依据因材施教的理念来布置个性化作业。不同学科的备课组或教研组，应该集体研讨，探索最符合本学科特点、最能体现本学科核心素养培养要求的作业。学校可通过设置研究课题、给予经费支持和奖励等方式，引导教师统筹课堂作业、课后作业与课堂教学，进行系统化、一体化研究，通过作业发现学生在知识掌握、理解应用过程中遇到的困难，以作业反馈为依据，改进教学内容设置及课堂教学方式。

三是鼓励教师创新作业形式，提升学生学习效果。转变育人方式是当前基础教育改革的重点问题，育人方式变革要求从知识本位走向素养本位，从以教为主转向以学为主，从学科割裂走向学科整合，从静态知识传授走向实践教学，从被动听讲学习走向自主探究学习。与项目式学习、探究式学习、STEAM（科学、技术、工程、艺术、数学的综合课程）综合性学习等学习方式相适应，作业的布置也应该创新形式，避免简单机械的重复训练。为此，首先，在作业类型上要多样化，比如小课题研究、艺术赏析、体育锻炼、社会实践、职业体验、创意制作等都可以成为作业，特别是要科学设计探究性作业和实践性作业。其次，在内容上要注重贴近生活，尽量将知识嵌入生活情境或学科探索情境，探索跨学科综合性作业，增强作业的趣味性和挑战性，激发学生学习和探究的热情，培养学生综合运用知识解决实际问题的能力。再次，还可以通过大数据分析准确掌握学情，将统一作业与个性化作业相结合，鼓励教师针对不同水平的学生布置分层作业，充分利用现代信息技术手段进行作业分析、诊断、批改和讲评，这样不仅能一定程度上减轻教师批改作业的负担，还能提高辅导的针对性，提升学生学习效果。

四是家校协同，共同落实作业管理相关要求。家庭和学校是中小学生学习生活的主要环境，学生很多作业是放学后或双休日在家完成的，同时多数家长给孩子报了课外辅导班，课外培训机构也会布置作业。要切实避免"校内减负、校外增负"，解决这一问题必须建立家校协同机制，一方面学校在布置作业方面，要做好年级组、学科组、同一班级任课老师等各层面的协调，做好各学科作业比例结构的统筹安排。教师布置作业要从学生的身心健康和全面发展出发，有大局观、整体观。另一方面，学校可以通过班级微信群、"致家长的一封信"等方式，将《通知》传达给家长，还可以通过家委会、"家长学校"等通道，向家长宣讲当前课程教学改革现状及学校的办学理念，家校达成共识、形成合力，把作业管理的相关要求落到实处，既充分发挥作业温故知新、发现问题、改进教学的功能，又为学生的睡眠、体育锻炼和课外阅读腾出时间，保障学生身心健康发展、全面发展。

五是改进考试命题，通过评价改革引导作业减量、增质、转型。中小学生的作业，不可避免要受到考试，特别是中考和高考的影响。要改变当下大量刷题、重复训练以提高熟练程度的不良倾向，必须从考试命题上下功夫，为作业设计、作业布置树立正确导向。《教育部关于加强初中学业水平考试命题工作的意见》指出："中考试题命制要注重考查思维过程、创新意识和分析问题、解决问题的实际能力，要结合不同学科特点，合理设置试题结构，减少机械性、记忆型试题比例，提高探究性、开放性、综合性试题的比例，积极探索跨学科命题，提高试题情境设计水平。"《中国高考评价体系》亦指出，高考应该考查核心价值、学科素养、关键能力、必备知识这"四层"知识，素质教育的评价维度体现在高考命题中，就是要考查基础性、综合性、应用性、创新性。中考和高考命题改革趋势为中小学课堂教学改革指明了方向，中小学的期中期末考试和平时测验的命题，也应该从考查知识走向考查能力和考查素养，进而带动作业减量、增质、转型。事实上，近年来越来越多的学生发现，死记硬背、"题型＋套路＋大量重复练习"的模式不灵了，作业设计和作业布置不进行相应的改革，只会事倍功半，甚至做无用功。只有牵住考试命题这个"牛鼻子"，才能从根本上改变当前一些学校作业数量过多、质量不高、功能异化等问题，将作业管理的十条要求贯彻落地。当然，从长远看，我们还要提倡综合评价，通过综合评价引导学生德、智、体、美、劳全面发展，不仅要完成日常教学的各类小作业，更要完成好素质教育的大作业。

中小学读物管理何以落实

在 2021 年全国教育工作会议上,教育部部长陈宝生提出,要"抓好中小学生作业、睡眠、手机、读物、体质管理"。在读物管理方面,要求以推荐目录为主,注重内容管理和推荐方式的管理,具体读什么由家长选择,教育部门要把好关。

为规范课外读物进校园管理,防止问题读物进入中小学校园(含幼儿园),充分发挥课外读物的育人功能,教育部制定并印发《中小学生课外读物进校园管理办法》,列出不得推荐或选用为中小学生课外读物的 12 条负面清单,明确了进校园课外读物推荐主体和可选择的推荐目录范围,要求中小学校根据实际需要做好课外读物推荐和管理工作。

中小学生读物管理,正如教育部部长陈宝生所言,看似小事,但关系学生健康成长、全面发展,是广大家长的烦心事。中小学生读物管理如何落到实处,既发挥好阅读促进学生全面发展的重要作用,又不让领导担心、家长烦心呢?我认为,应该从以下五个方面入手——

第一，要让学生及家长树立正确的阅读观，认识到"读书好"

观念是行动的先导。要让学生们热爱读书、养成读书的良好习惯，首先要让学生及家长认识到"读书好"。文以成卷，书以载道。读书可以满足学生的好奇心，增长知识，增强想象力和逻辑思维能力；也可以开阔视野，端正审美，提升修养，塑造品格，正所谓"腹有诗书气自华"。以色列国土面积及人口规模虽小，但科技及教育十分发达，诞生了多位诺贝尔化学奖、经济学奖、文学奖得主，这与其民族热爱阅读是分不开的。

家长千万不能认为阅读是在耽误时间。著名数学家苏步青曾说："阅读是语文学习的关键钥匙，而语文是众学科之基础，语文你都不行，别的是学不通的。"正因如此，老师们往往有一个共识：从小喜欢阅读的孩子，成绩肯定差不了。但阅读对于学业成绩的提升，可能不如刷题、上辅导班那么直接，其影响是潜移默化的，需要厚积薄发。因此，在孩子阅读问题上，家长不要急功近利，要有"静待花开"的心态。

第二，要把好图书出口、入口关，确保学生"读好书"

市场上的书籍琳琅满目，其中有相当一部分是不适合中小学生阅读的，或者说，不适合某个年龄段的学生阅读。因此，对学生阅读书目的把关非常重要。

学生书包里应该装什么书，哪些书属必读、哪些书可选读、哪些书不能读，该如何把关？我认为，应从源头出发，建立儿童和青少年图书出版物的分级、分类标准。出版社应根据图书面向的学生群体，规范图书的前言提要，对图书进行分级、分类梳理：可以像玩具一样，在图书封面或封底标注适读人群的年龄阶段；还可以利用信息技术手段，为每一本书建立追踪链条，从作者、出版社、经销商，到学校、教师，建立全流程的图书分类分级监督与指导机制。

学校作为读物引进的重要单位，要根据教育规律和育人理念把好书籍入口关。在这方面，学校可以成立由各学科教师组成的荐书专家组，对书目进行梳理、筛选，并按照不同学段的需求特点向学生推荐。比如：小学阶段，学生亟待提升认知力、理解力，需要广泛阅读，教师可以多推荐一些启蒙绘本、经典故事以及识字、益智、科普类书籍；初中阶段，出于激发学生学科兴趣、提升学生思维水平的考虑，教师可以给学生推荐一些经典名著和自然科学类书籍；高中阶段，教师可以引导学生多读一些人物传记、励志类书籍，以激励学生树立远大理想，规划人生道路。

随着信息技术的不断发展，人工智能将在学校选书、荐书过程中发挥重要作用。智能化识别搜索、净化筛查，再加上人工确认，就可以实现大批量选书。另外，学校还可以建立智能化的图书分区、分级管理机制，根据不同阶段学生的识字量、阅读偏好和理解能力，对学生读物进一步细化分级，使学生能根据自身的阅读水平和兴趣借阅书籍，提高阅读效率、保护阅读积极性，同时减少阅读过程中出现一知半解、价值观误导等情况。

第三，家校合力培养学生阅读习惯，使学生"好读书"

要让学生喜好读书，需要家校合力营造读书氛围，需要教师和家长言传身教。一个难以见到书籍的家庭很难培养出热爱读书的孩子，一个喜爱读书的孩子背后常有一所溢满书香的学校。

阅读能力是人终身发展所需的一项关键能力。我建议，国家可以像规定体育课时那样，硬性规定学校每天开设一定时间量的阅读必修课。同时，还可以建立类似"学习强国"的学生阅读考核交流管理平台，将阅读纳入学生综合素质评价系统。家校形成合力，通过教育教学活动引领学生，将琐碎时间变为阅读时间，实现校内外随时随地可阅读。

学校要重视阅读，充分发挥校刊、班刊、校园电视台和广播台、班级公众号等媒介的作用，给阅读者提供展示平台，并建立常态化、系统化的表彰机制，调动学生阅读的积极性。

近年来，清华大学附属中学把打造书香校园作为校园文化建设的重要组成部分，逐渐形成了人人读书、处处读书的阅读风气。随着读书氛围日益浓厚，教师们开发了"校园晨读""诗词鉴赏""今文观止""理想三旬"等一系列阅读指导课程，以此激发学生的读书兴趣，引导学生树立正确的读书观。同时，学校要增加学生自由阅读的时间。学校可以配备图书馆、阅览室，设立读书角、读书亭、读书廊等，营造浓厚的读书氛围，让学生在校园里随时随地可以进入阅读状态。另外，还可以定期开展读书分享、诗词大会、对话名家、文学创作等读书交流展示活动，让学生们体验读书乐趣，体会读书价值，收获阅读的快乐。家庭和学校之外，公园、书店、公共图书馆等场所也应当设立学生读书专区，让学生能随时随地走进阅读世界，感受全民阅读的氛围。

第四，教师要指导学生掌握阅读方法，让学生把"书读好"

在现实的考试压力和激烈竞争下，阅读变得功利化。阅读目的更偏向提升考试成绩，阅读方式更偏向精读——通过寻找内容细节回答预设问题，从而导致学生泛读能力和提炼概括能力欠缺。为实现阅读价值、提升学生阅读能力，教师要指导学生把"书读好"，教学生学会阅读，学会观察和思考。

我认为，学校的读书活动应尽量在教师的主导下完成。教师的作用，一方面体现在读书方法指导，对读书内容进行总结和交流；另一方面体现在抓住育人契机，引导学生抒发情感，树立正确的人生观和价值观。

另外，只让学生读推荐的书，从某种角度来说也是一种"专制"，达不到授人以"渔"的目的。因此，我们要教会学生独立自主地选择和鉴别适合自己、对成长有益的书，只有这样，他们才能真正把"书读好"。

第五，要顺应时代发展，提升阅读体验，使"书好读"

所谓"书好读"，是指书的内容在表达方式与传播方式上，要符合学生身心发展特点，做到知识性、趣味性与育人性有机结合。好的内容要有好的表现形式，只有做到"书好读"，才能让学生"好读书"。

为此，教育主管部门和出版部门应该加强调研，通过推荐书目等方式，引导儿童文学作家及相关作者创作出更多适合青少年阅读、让他们喜读爱读的作品。同时，要顺应电子化阅读、可视化阅读的时代潮流，丰富读物的传播方式，在保障青少年视力健康的前提下，推出更多数字化阅读产品，满足多样化需求。

全面提升学生阅读素养，是需要全社会共同推动的系统工程。在全民阅读的时代背景下，我们不仅要关注阅读量的积累，更要注重阅读质的提升。用科学的办法管理现有的图书，用规范的标准管住未来的图书，用智慧的手段吸引学生读书，为学生营造健康向上的读书环境，让学生在阅读中成长，是教育工作者不可回避的责任。

发掘手机管理的教育价值

正确、合理地使用手机，是信息化时代人们必须具备的基本素养。如同只有让孩子下水才能学会游泳，手机的使用管理也是一样，必须让孩子从小就学会如何正确地对待它，让它成为一个有意义的工具。我个人认为，不应该把手机视为"洪水猛兽"，一味地采取"围追堵截"的办法，"一刀切"地禁止学生将手机带入学校，这样不仅达不到教育的目的，往往还会适得其反。

学生手机使用管理要因人而异、因时而异、因地制宜。学生的年龄段不同，手机使用管理的方法也应不同。一般来说，不建议小学生带手机上学，必要时的家长联系、紧急情况下的报警功能，一般的电话手表就可以实现。初中、高中可以允许学生带手机上学，但不提倡带功能过多、昂贵的手机，只要能满足一般学习需求的智能手机即可。另外，学校要明确规定什么时间可以用手机，什么时间不能用，还应让学生懂得手机的使用与场合有关，比如在教室或者图书馆等公共场所，应该到没人的地方接打电话，在公共场所禁止玩游戏，在走路、上下楼梯的时候不要低头看手机，等等。总之，让学生带手机并不意味着对手机的使用不加限制和管理。

一个有秩序的学校应该将手机使用管理的要求明确告知每位教师、每个学生，然后由教师监督、学生互相监督，帮助学生养成良好的习惯。要把手机使用管理当成对学生开展教育的契机，充分挖掘其中蕴含的教育价值。

学生手机使用管理中蕴含的教育价值主要包括如下四个方面。

其一，培养学生的自制力和自我管理能力

我们希望学生能学会控制和调节自己的情绪和举止行为，自觉遵守学校的相关规定，及时调整不符合既定目的和规定的愿望、动机、行为和情绪。针对手机使用，在不该用的时候要管住自己，该用的时候要正确使用。同时，要让学生树立长时间看电子屏幕会危害健康，尤其是影响视力的意识，时时处处提醒自己控制手机的使用时间，做到非必须不使用。

在 2020 年上半年新冠肺炎疫情期间，那些平时注重培养自制力的学生，其自我管理的能力较强，能够正确、合理地使用手机等移动互联网终端，把在家里的学习和生活安排得井井有条，能够合理使用手机、电脑等开展学习或者与同学、老师进行交流，合理规划利用自己的时间，不沉溺于手机游戏。

其二，培养学生的规则意识

既然让学生使用手机，学校和家庭就要制定使用管理规则，不能放任自流。制定手机使用管理规则不能只由教师或是家长说了算，要全班师生或全家人一起讨论，并形成公约。制定规则本身也是一个教育过程。学生自己参与制定的规则，就愿意去遵守，同时还学会了在社会管理当中通过协商取得一致意见的方法。班级制定的公约要跟家长达成共识，让学生在家使用手机的要求跟在学校尽量保持一致，提高家校协同配合的教育效果。

不管在学校还是在家里，规则一经制定，就要严格遵守执行，并通过一段时间的强化，帮助学生养成规则意识，自觉遵守规则，并形成依照规则行事的良好习惯。在发现学生有手机成瘾的苗头时，学校和家长要加强管理，及时矫正。冰冻三尺非一日之寒，如果中学生出现手机依赖甚至成瘾倾向，往往与家长在孩子小时候放任其随意使用手机玩游戏、看动画片等做法有关。因此，培养孩子正确使用手机和其他移动互联网终端的良好习惯要从小做起，持之以恒。

其三，提升学生的信息素养

在信息化时代，手机等移动互联网终端成为学生了解社会、认识世界的主要渠道和工具。因为它使用便利、信息更新速度快、涉及面广，还能随时随地获取最新的知识。学生作为数字化时代的未来公民，如果没有学会正确使用手机，将来可能会面临更多的问题，甚至妨碍自身发展。学生在疫情期间进行在线学习，基本都要用手机来提交作业，手机成了必不可少的获取知识、传递信息的学习工具。在指导学生正确使用手机时，要教育引导学生提高对网络虚假信息、网络欺诈的辨别能力，提高在网络虚拟环境下交友的警惕性，分清网络世界与现实世界的区别，对网上各种言论要有正确认识的能力。学会正确使用手机，对于提升学生的信息素养是有帮助的，也是必不可少的。

其四，让学生懂得网络礼仪

我们要教会学生如何文明地使用手机，做有礼貌、有修养的人。同时，要教会学生如何使用规范的语言和标点符号，如何用表情传递情绪、体现语气和态度，这样学生进入社会后，在使用短信、微信等社交软件时就会懂得基本的文明礼仪。只有每个人都尊重基本的网络礼仪，才能让网络空间变得清朗。

手机是当下导致学生与家长和教师产生矛盾的重要因素，甚至会成为亲子关系和师生关系紧张的重要"燃"点。在手机使用管理方面，一定要有制度、有规则，并严格执行。但是我们面对的毕竟是未成年人，难以杜绝一些违反手机使用管理规则的行为。对此，学校和教师要有一定的心理预期和包容度，讲究批评教育艺术，不能简单粗暴地制订和选择惩罚措施，比如砸、摔学生手机，没收学生的手机等行为，都是不可取的，很可能引发学生的对立情绪。可以采取比较柔和的措施，比如积分制，即积够一定的正向分数就可以获得奖励，或者积够一定的反向分数就要接受相应处罚，但要注意相关处罚不能伤害学生的身体和自尊。

在十几年前，智能手机是一个新生事物，在未来，我们很难预测孩子的人生会出现哪些更新的工具、更新的事物。现在让学生学会正确使用和管理手机，那么将来学生走上社会，才有可能在面对更新的事物时做到正确驾驭、合理使用。

手机是学生未来生活的必需品，学会正确使用手机是一门必修课，也是当下教育的一部分。学生手机使用管理折射出学校的管理理念和育人水平，必须坚持"管"与"教"结合，化危为机。

"双减"背景下，
学生需要怎样的寒暑假作业

2022年的寒假是落实"双减"政策后的第一个寒假。注定要与补课告别。或许对于部分家长来说，会因此感到迷茫甚至不知所措：不能补课、没有补习班可上，那孩子的成绩会滑坡吗？如何才能保证孩子不会在荒废时间中度过这个寒假？

假期规划的着眼点是满足学生个性化发展需求

学生在假期应该做什么？完成哪些作业？如何去完成作业？这些看似很简单的问题，其实是需要认真思考且值得潜心研究的。假期是两个学期之间的过渡，作业是课堂学习任务的延伸。规划好假期，做好作业，对于学生的成长来说是十分重要的。

学生成绩的提高更需要通过促进综合素质全面发展、创新能力提升和培养高阶思维能力来实现，而不能一味地依赖加时加量的应试强化训练。寒暑假对于学生而言是难得的可以充分自由支配的一段时光，在我个人看来，从满足学生个性化发展需求出发规划学生的寒暑假，远比让学生花大量时间去补习功课更重要。

"双减"政策将满足学生对教育全部需求的工作交给了学校和家庭，所以在2022年寒假，如何才能有效地帮助学生实现个性化发展？这既是学校老师在布置假期作业时需要考虑的，也是家长在引导孩子规划安排假期生活时需要考虑的。学校老师需要从巩固与拓展学习内容的层面，尽可能依据学生的个性化需求，以学生的"学"为中心，按照"精心选择作业内容、精准针对不同学生、精确校正课堂教学、精细反馈作业情况"的作业布置原则，有针对性地为学生设计适量的多样化的假期作业，引导学生对自身感兴趣的学习课题进行自主探究。家长也应该从满足孩子个性化发展的需求出发，引导孩子合理安排好在假期中学习、锻炼、阅读、劳动、游玩、休息、亲子共处、发展兴趣特长的时间。

假期的关键是抓好孩子的作业完成过程

学校老师以假期作业的方式设计了学生在假期的基础学习任务，而学生采取何种态度、何种方式、什么时间去完成作业，很大程度上影响着学生最终的假期学习效果。有的学生可能采取应付式的态度，在假期的头几天就匆匆写完了作业，之后放开了玩；有的学生可能要玩尽兴了，直到开学前几天，才开始着急忙慌地"赶作业"；也有学生会从查漏补缺温故知新的学习目标出发，每天花一定时间进行作业及复习预习；更有学生能够把做作业当成玩游戏一般，兴致勃勃地思考如何用不同的方法去完成每一项作业任务……如果家长想要利用假期抓一抓孩子的学习问题，在我看来，关键在于抓好孩子的作业完成过程。家长可以和老师相互配合，以启发式沟通的方式引导孩子正确认识作业的价值，提高孩子对于作业的积极性体验与兴趣，培养孩子认真、积极、主动、自觉地完成作业的态度，帮助孩子制定合理有效的作业计划和完成时间。充分利用好寒暑假时间，促进孩子自主学习意识及能力的发展，这对于孩子的成长才是最重要的。

学习需要学生处于"主动作业"的状态

学习行为要想获得良好的成效,需要学生处于"主动作业"的学习状态。那什么是"主动作业"呢?"主动"是指学生在保持兴趣和好奇心的情境下,有目的地积极自发地运用各种信息或工具去进行某种行为活动。"主动作业"的三要素包括"保持兴趣和好奇心""有自我想要实现的目的"以及"积极自发的创造性作业行为"。在我个人看来,这正是教育过程中最需要教给学生的东西。

让我们回到"如何去完成假期作业"这个问题上来,假期作业能不能激发及保持学生对于学习的兴趣和好奇心?假期作业能不能引发学生树立自我想要实现的目标?假期作业能不能引导学生积极自发创造性地去完成?这些是家庭和学校、家长和老师需要用心思考揣摩的首要问题。

所以,在"双减"政策的形势下,学生能否实现全面健康的高效成长,除了学校要提高自身的教学效率和质量以外,更为重要的,是学校与家庭、老师与家长之间配合协作,引导学生进入"主动作业"的学习状态。学生综合素质的全面发展、创新能力的提升、高阶思维能力的培养,都只有在学生处于"主动作业"状态下,才能够真正得以实现。"双减"政策为学生所争取到的那部分空出来的时间,我个人认为,应该先用在帮助学生获得"主动作业"的学习状态上。

"双减"政策下的寒暑假,以满足学生个性化发展需求为着眼点,以抓好学生假期作业完成过程为契机,以帮助学生获得"主动作业"的学习状态为目标,家校协作共同育人,是每一所学校和每一个家庭教育孩子的重中之重。希望每一个学生都能在2022年的寒假和暑假中得到成长,收获一个愉快却又充满意义的假期。

"强基计划"如何引导基础教育发展

2020年春夏之交,在全国上下万众一心防疫抗疫之际,清华大学、北京大学、北京师范大学等高校的"强基计划"方案陆续发布,令人为之一振。综合考虑高考体制、教育公平及特殊人才选拔机制、社会大众的接受度等因素,教育部首批选了36所重点高校参加,让他们"八仙过海,各显神通",实施"强基计划"。

"强基计划"破土而出,恰似一场及时雨,必将对基础学科研究和学科基础研究高精尖人才的选拔培养产生深远影响。

"强基计划"的重要意义:为国选材育才

推出"强基计划",是切合中国发展的实际、更好地应对即将到来的更加激烈的国际竞争的需要。

党的十九大清晰地描绘出全面建成社会主义现代化强国的时间表、路线图。"两个一百年"中的第一个百年即将到来,我们将要实现"全面建成小康社会的奋斗目标"。

在奔向第二个百年目标的路上，我们要清晰地看到中国发展面临的外部的压力，各种黑天鹅或者灰犀牛事件给我们带来很多难以预料的影响，甚至正在产生不利影响。

在有些领域，我们受到国外原创性技术的制约，高新技术发展在某种程度上受制于人。我们缺少研究基础学科和学科基础的高精尖人才，从长远来看制约着国家的整体发展。"强基计划"就是要补短板，抓急需，降危险。有人说"强基计划"是"远水解不了近渴"，但是如果现在我们还不着力培养基础学科的高端人才，那么在实现第二个百年目标的路上，我们遇到的危机可能会比今天更加严重。

"强基计划"里写得很清楚，要在那些原创性的、"卡脖子"的关键领域招收和培养人才。我们现在意识到了问题所在，从原始创新的人才培养抓起，改革人才培养体系，为时未晚。

只有成片的森林才能改变气候。中国需要的在基础研究领域有全球竞争力的人才，不是一个两个，而是"一批"。

强基计划的"基"，我想应该至少有这样三个含义。

首先，指的是社会主义现代化强国之基

中国之基的核心是国家的综合国力。能够在众多领域处于国际领先水平，这是国家竞争力的根基所在。

而现在我们的许多科技成果、应用成果，都是踩在人家的基础研究成果之上，从应用层面做文章，没有自己的根基或者说根基不稳。

"强基计划"就是要夯实中国科技发展的根基，特别是冲破西方技术封锁线，掌握核心技术。比如，我们高新技术产业的很多领域，产品和技术都依赖进口，根基不稳；在文化建设方面，还存在"忘本"的风险，在借鉴学习西方的思想理论的同时把中国自己的东西丢了。

"强基计划"里专门提到培养"古文字学"方面的人才，其实就是在强调中国文脉的传承，就是在强调文理融合对于拔尖人才培养的重要性。我们要在发展的同时，传承好中华优秀传统文化，维护好中国之基。

其次，指的是基础学科和学科基础之基

基础学科看起来不能直接应用，但它是比工程类、技术类学科更基础、更原始的东西。基础学科研究成果往往是本质性的、原理性的、规律性的东西，揭示一些别人揭示不了的、解释不了的现象，发现一些别人未曾发现的规律。

基础学科是许多高科技领域研究和发展的基石，许多高科技领域的突破性进展，都是基础学科研究领域创新成果的直接应用。

基础学科是最容易出原创性、原理性成果的，但是需要长时间的投入和持之以恒的研究积淀，而我们国家这些年来，由于经济社会发展快，大众注意力集中在工程类、技术类等出成果相对比较快的领域，而需要多年研究才有可能出成果的基础学科领域的研究相对而言受关注程度不高。

科研评价体系也往往更注重成果的数量，急功近利的倾向导致现在基础研究的水平较低，人才严重缺失。

另外，在一些学科领域也有基础研究和应用研究之分，我们同样存在重视应用研究和研究成果转化利用而轻视基础研究的问题，这些领域的研究人员往往更多投身到了应用研究和开发方面。

再其次，指的是基础研究人才之基

未来国家之间的竞争，关键是人才的竞争。"强基计划"就是要选拔一批有志向、有志趣、有天赋的优秀人才，经过若干年的培养，使他们能够承担起服务国家重大战略需求，满足基础研究的需要。只有这样的人才才能撑起基础研究的"蓝天"，才能使我国的基础研究迎头赶上。

基础研究是一个漫长的过程，如果寄希望于这批学生在研究生毕业的时候就做出什么惊天动地的成果，我们就又陷入了一个急功近利的怪圈。

有一句话叫"但行好事，莫问前程"。对于被选入"强基计划"的学生，要用心培养，坚持数年必有成果，不要指望在这个计划结束之后，马上会出现一批领军人才，其成效的显现需要一个过程，"强基计划"应该带来持续的力量，而不是短暂的昙花一现。

"强基计划"主要是为这些未来的人才苗子奠定深厚广博的发展基础。

综合来看，"强基计划"是中国处在特殊的发展时期、结合国情制定的一个贯穿招生和培养全过程的整体的人才培养新体系。

"强基计划"的最大优势：招生和培养紧密结合

"强基计划"第一次把招生和培养两个环节贯通，使人才"从哪里来、到哪里去"有一条清晰的路径。

以前的自主招生，对招进来的学生和其他学生采用相同的培养方式。而"强基计划"不仅重视招生环节，更重视培养环节，首次把这两个环节贯通起来，让通过"强基计划"进入高校的学生，不仅知道自己从哪里来，更清楚地知道自己要往哪里去。

他们是朝着做基础研究来的，就要让他们看到前沿，对前沿充满渴望，充满激情，然后再用一生的精力冲到最前头，成为这个领域的领跑者。

"强基计划"在招生环节，除了参考高考成绩之外，还引入了15%的多维度评价，并且采用"破格"录取的办法，给那些偏才、怪才们脱颖而出的机会。这15%的多维度评价和"破格"录取的招生办法，能让高中学校逐渐调整自己的学生培养模式。人无完人，用人要用其所长，科学的人才选拔培养机制，应该给偏才、怪才提供成长空间。

我认识的好几个院士就没有上过中学，直接考上研究生，而且考的分数很高。这种人才不是我们传统的评价选拔体系里能够选出来的人才，我们应该关注这些人才。

"强基计划"特别强调"多维度评价",给高校 15% 的自主权,就是希望能把有特殊才能的人才选拔出来。"强基计划"才刚刚出台,它对基础教育的影响需要一个过程,但是它展现出了招生选拔的思想理念、方式方法的变化,将对未来基础教育的改革产生深远的影响。

"强基计划"重视在培养环节发挥各高校的能动性,采用"一校一策"的机制。参与"强基计划"的各个学校,可以充分发挥自己的主观能动性,各尽所能,各显神通,把选拔出来的学生培养好。

以清华的"五大书院"为例,就是希望加强通识教育,让学生在某一个宽泛的领域里面探索。"五大书院"就是要引导学生去做这种基础性研究。

"强基计划"重在落地:执行中的几点建议

"强基计划"蓝图已经绘就,国家有关部门和参与高校一定要做好执行与落地。针对制度设计和实施过程中可能出现的误区,我提出以下建议:

其一,评价改革不要"穿新鞋走老路"

首先,要科学理解和把握多维度评价的内涵。多维度评价绝不是多考几门课,多考几门课依然是应试套路,体现的也只是"知识"一个维度。不要用这种简单的方式来处理,而要真正变成对思维品质和综合运用知识分析问题解决问题的能力的考查。

其次,要避免把"破格"等同于学科竞赛和其他社会上的评奖。"破格"的制度设计增加了在某方面有特殊天赋的孩子入选的可能性,但是如果把"破格"的资格与几大学科竞赛挂钩,就有很大的局限性。

特殊人才是不是仅限于这几个类型?这几个类型的人才的能力是否只能通过学科竞赛才能体现出来?事实显然不是这样。

其二，在培养环节要夯实基础，避免急功近利

"强基计划"提出"小班化、导师制、贯通式"的培养方式，但是我认为，对特殊人才的培养要更加个性化，力争做到"一人一策"，一群师父教出来一个高水平人才。

除了知识与能力的培养，建议加强学生品德、价值观方面的培养，让学生有服务于国家大战略的志向、境界和责任感、使命感。

我们常说培养"又红又专"的人才，"红"在"专"前。这种使命感是内在动力之源，把这个发动机发动之后，就会有无穷的动力，遇到什么困难都可以克服。

我们希望新一代年轻人具有研究"两弹一星"的科学家那样的奉献精神，在新时代担负起"强基"的使命，用自己的行动去诠释什么才是真正的奉献精神。

在培养上，不要过早分专业、过早地让学生局限在某个狭窄的领域，要按照"宽口径、厚基础"的理念来培养。

学生入校后先接受通识教育，经过一段时间摸索之后找到自己最有天赋、最能发挥潜能的方向，这样才能培养交叉融合型的人才。"强基计划"人才培养要有大融合观，不仅要相近的学科交叉融合，自然科学与人文科学也应该交叉融合。

实施"强基计划"，教师要改变原来带本科生、硕士生的模式，变成指导者、帮助者、激发者。

"师不必贤于弟子"，教师水平不一定要超过学生，关键是要为这些学生提供适于成长的氛围、环境和支持条件。怎么用现有的环境和条件，培养出远远超越自己的人才，这是我们现在面临的课题。

其三，要做好人才培养与使用的整体设计，不断总结改进

"强基计划"推行几年以后，应认真总结，特别是要好好总结招生环节的"多维度评价"和"破格"录取方面的创新探索、成功做法，梳理培养环节遇到的问题。

"强基计划"进行几年以后应该对各高校的"一校一策"进行评价，加强对评价环节和培养环节的监督与指导，避免高校走入误区。

"强基计划"的任务不光是选才，还要引导高中的培养方式变革。多元评价、多维度评价，就是要引导学生在中学期间全面发展健康成长，而且还要个性特长突出。

作为一个人才培养计划，"强基计划"要承上启下，"承上"就是能够选对苗子，培养出高水平人才；"启下"就是要正确引导基础教育健康发展，对中学的教育发挥导向作用，产生深远的影响，改变当前基础教育人才选拔评价中的一些顽瘴痼疾。

如果高校热热闹闹，中学风平浪静，那么"强基计划"的使命完成得就不够彻底。这是我担忧的地方。

"强基计划"对基础教育的导向作用真正发挥出来，可能需要坚持3年、6年甚至12年。这批学生要培养好并在各领域发挥重要作用，同样也需要一个过程，还需要在制度设计上进行考虑。

这批人将来走向社会，在国家层面，要用什么样的机制和平台来支撑他们的发展，给他们一个安定、宽松、可以进行基础研究的环境，让他们成为各领域的拔尖人才？如何引导他们到国家需要的关键领域发挥才干？强完"基"之后，如果没有进一步的措施，效果就会大打折扣。

高中阶段是育苗，落实"强基计划"是育才，社会层面的磨炼与支撑则是化良材为栋梁。这些培养动作不连贯或是哪个环节出了问题的话，都会影响最终的结果。

以体教融合促进竞技体育人才培养

国家体育总局、教育部《关于深化体教融合 促进青少年健康发展的意见》（以下简称《意见》）2020年8月30日正式发布。该通知对加强学校体育工作、完善青少年体育赛事体系、深化体校改革、加强体育教师和体育教练员培养等明确了改革方向，提出了具体要求。今后，体育科目还将纳入初、高中学业水平考试范围，纳入中考计分科目，科学确定并逐步提高分值，启动体育素养在高校招生中的使用研究。

社会化体育如何与普通中小学校教育相融合？如何通过普通学校教育体系培养高水平体育竞技人才？如何推动青少年文化学习和体育锻炼协调发展？长期以来，许多学校在这些方面进行了积极探索，而《意见》的发布，必将加速推进体教融合的进程，对学校体育工作和体育竞技人才的培养产生重大而深远的影响。

竞技体育人才培养的现状

高水平竞技体育人才的选拔和培养有其自身的规律，不同于培养广大青少年学生的体育兴趣和提高他们的身体素质，需要专门的人才发现和选拔机制，需要专业的教练和场地开展训练，更需要经常参加专业比赛来提升竞技水平。而我们目前体育人才培养的两条路径——体校和普通学校，在这方面却是各有所长又各有缺憾。

我们通常的做法，是在发现了有某项体育特长或者发展潜力的学生之后，将其放到体校进行专项训练，其中确有一些人成为了体育专业领域的人才，但更多的学生因竞赛成绩不够突出而无法吃体育这碗饭、走体育这条路，文化素养成为影响他们未来发展的短板。随着我国经济发展越来越快，家庭生活条件越来越好，愿意把孩子送到体校进行专业培养的家庭越来越少。

与体校相比，普通中小学校学生人数众多，按照概率来讲，里面肯定藏有一批拔尖体育人才。学生在这里接受综合型教育，德智体美劳得到全面发展。但是，在体育方面，中小学校更多的是进行"普及"性质的体育项目"锻炼"，而不是进行专业的"训练"。因各种条件限制，即使发现了有天赋的体育苗子，也没有能力对他们进行专业的培养和训练。

高水平竞技体育人才随机分布在各个学校，有的学校有，有的学校可能没有；有的学校多，有的学校少。而不同学校的体育师资力量和训练场地、器材等硬件条件参差不齐，无法保证他们得到高水平的训练，特别是一些需要组队训练的项目，可能会因为人才数量不足而无法组队，或者勉强组队，导致整体水平不高。

个别学校有重视体育的传统，体育设施比较好，在某个体育项目上形成了特色，具备一定优势。例如清华附中在篮球方面比较强，发现了篮球苗子，是有能力按照半专业的方式去培养这些孩子的。但不是每个学校都有篮球教练、都有好的篮球场地，或者有半专业的球队，如果一个有天赋的孩子正好在没有发展条件的学校里，很可能会被埋没。

总之，"体"和"教"各有所长、各有所短，各自单打独斗培养不出高水平竞技体育人才，只有体教融合，才能建立起科学的竞技体育人才选拔和培养机制，让高水平体育竞技人才竞相涌现。

以"社区俱乐部"为结合点,促进体教融合

正是因为普通学校在体育人才培养方面存在上述的先天不足,那么就需要探索一种新机制,使得具有竞技体育天赋的人才在被发现之后,能够得到很好的培养。"社区俱乐部"就是在当前现实条件下,体教融合培养高水平体育竞技人才的一个有效途径。

这些体育苗子被发现之后,就近选拔进入"社区俱乐部",他们利用课余时间接受专业训练。社区俱乐部是一个金字塔体系,这个金字塔的底部,就是学校里积极参与各种体育项目的学生,中部就是被选入"社区俱乐部"的所有学生,位于顶部的就是社区俱乐部培养出来的优秀竞技体育人才。

"社区俱乐部"是一个社会化的非营利性组织,不隶属于某个学校,但是俱乐部有权利到"划片"范围内的各所学校去挑选竞技体育人才。不同的社区俱乐部有专业的设施、设备、理念,聘请专业教练对他们进行很好的开发、教育,把他们培养成竞技体育的后备力量。这些有竞技体育天赋的学生平时在学校里接受正规的综合型的教育,课余时间、周末、节假日则在社区俱乐部接受专业训练,或者参加俱乐部之间的联赛。这样的体教融合,能够很好地实现"五育并举",让学生们成长为有智慧的竞技体育高端人才。

规范社区俱乐部,让体教融合落实落细

社区俱乐部要实现良性运行,光靠学校、靠教育部门的力量是不够的,必须充分发挥体教融合的优势。我提出三点具体建议。

首先,体育总局应设一个专门负责社区俱乐部各项工作的管理部门,将全国

的非营利性质的体育俱乐部管理起来，尤其是面向中小学在校学生的各种各样的体育俱乐部，无论是单项的还是综合的，在进行评估之后，确定哪些可以成为"社区俱乐部"，纳入正规的管理体系，并对这些俱乐部进行分级分类管理，包括对俱乐部签约学生的竞技体育水平进行认定。

这些俱乐部是社会化的，不隶属于某个学校，但它能从本片区所有的学校里选拔人才。这些社区俱乐部也可以适当收费，但其目的不是为了盈利，而是专门为培养体育竞技人才储备力量而存在的非营利的社会组织。

这样的社区俱乐部要保持正常运转，离不开政府的支持，因此要由管理部门制定相应的章程，并给予一定的财政补贴，保证其资源、教练以及组织联赛等方面能够正常运转，成为竞技体育人才培养的金字塔中的一层。

其次，参加社区俱乐部训练的学生平时正常接受学校的系统教育，利用课余和节假日时间参加俱乐部训练和比赛。他们在经过一段时间的训练之后再跟俱乐部签约加入，学籍仍保留在原学校。签约学生如果想转到其他俱乐部，需要交纳一定的"培养费"，鼓励人才在俱乐部间流动，流动才能形成梯队，才能进行优化组合。

尽管社区俱乐部挑选的是有体育天赋的学生，但是真正能进入职业的体育队、登上金字塔顶部的人还是少数，但是在这种培养机制下，签约的学生无需用体育赌人生，因为他们只是在业余时间参加专业训练，平时仍然在学校里上学，和其他同学一样接受校园文化的熏陶，文化课知识基础有保障。这样的体教融合机制培养出来的学生，将来一部分人可能走上体育职业生涯，另外一些学生，如果训练到一定程度发现无法走专业发展之路，他们依然可以凭借较高的文化和体育素养进入大学深造。

再其次，社区俱乐部要成立联盟，对俱乐部进行规范化管理，要制定章程，规定什么样的俱乐部才能加入这个联盟。联盟负责制定规章、赛事运营、经费筹措、教练培养、选拔人才等一系列工作，配合教育部、国家体委等部门下发的文件，把竞技体育后备人才体系建立起来。社区俱乐部联盟组织的比赛可以分成三级：一是"基层级"，同一个城市里的多个俱乐部每周组织一场比赛，时间可以安排在周六、周日，可以采用循环赛、积分制等不同赛制；二是"大区级"，把全国的社区俱乐部划分为华南、华中、华北、华东等区域，在循环赛里取每个区的前8名或前10名，利用端午节、劳动节、国庆节等小长假进行比赛，赛制可跟"基层级"相同，也可以不同；三是"国家级"，就是"大区级"的社区俱乐部争夺最后进入总决赛的机会，这个级别的比赛，可以安排在寒暑假，并且当成职业联赛一样进行电视转播。某所学校的学生打入总决赛了，这些学生的亲人朋友、学校的同学和老师都会积极观看，时间一长，竞技体育的氛围就营造出来了。

最后，应由政府出面协调，让部分社会化的体育公共体育设施，拿出一部分时间给社区俱乐部免费使用，还要多建体育公园，把绿地建成真草的球场、运动场，让原本只具观赏功能的绿地改成既美化环境又能开展体育训练的场地，把公共资源用在公共服务和人才培养两个方面。

竞技体育人才的成长需要正常的综合的教育环境，也要额外增加专业训练，是"A+B"的关系，A就是常规教育，B就是对天赋的培养，这两个都不能少。中小学校只能给A，给不了B，即使能给B也达不到真正的专业水平，B只能通过社区俱乐部来培养。我强烈建议，把社区俱乐部建起来、管起来，通过市场化运作，加上政府扶持，为培养高水平体育竞技人才探索一条新路。

用评价改革引导教育高质量发展

2020年10月13日中共中央、国务院印发《深化新时代教育评价改革总体方案》,方案提出,教育评价事关教育发展方向,要全面贯彻党的教育方针,坚持社会主义办学方向,落实立德树人根本任务,遵循教育规律,针对不同主体和不同学段、不同类型教育特点,改进结果评价,强化过程评价,探索增值评价,健全综合评价,坚决克服唯分数、唯升学、唯文凭、唯论文、唯帽子的顽瘴痼疾,建立科学的、符合时代要求的教育评价制度和机制。落实总体方案,用教育评价引导教育高质量发展至关重要。

当今世界各国都非常重视人才、重视教育,都从教育评价入手开展了大量工作。尽管各个国家教育评价的侧重点不一样,使用的手段、方法也不同,但目的都是相同的,那就是促进教育高质量发展。联合国教科文组织、世界经合组织和其他关心教育的国际组织,通常把教育政策看成是国家公共服务的一部分,并把它作为教育评价的重要指标或维度。这些组织经常发布报告,评价和推测世界各国教育的发展情况,通过财政投入、义务教育入学率等国与国之间的数据比较,分析国家层面的教育政策执行情况,判断这个国家整体的教育水平。教育问题不是一个国家的问题，而是全人类、全世界的问题。我们要关注世界各国整体的教育情况，例如教育的价值观念、教育的普及程度、受教育者的全球视野和跨文化理解力等等，这些教育政策层面的问题如果落实到位的话，世界就会更加和谐。

区域教育评价，重在教育质量观

站在国家层面，对区域教育进行评价时，最重要的是要审视教育质量观是否正确。具体看四个方面：

第一，要看地方政府在支持教育发展方面的公共政策到不到位，是否能促进教育高质量发展。教育要弘扬什么、杜绝什么，在教育评价的指标体系里应体现出来。教育必须优先发展，"再穷不能穷教育"。因此，资金投入力度应该是区域教育评价的最重要因素。除了资金支持，还要看区域内的学校布局是不是合理、学校发展的均衡程度如何，能否满足老百姓让孩子"在家门口上好学校"的愿望。学校不是越多越好，也不是越少越好，要因地制宜。有些地方为了节省费用，把很多小规模学校合并在一起，形成"超级大校"，这对区域教育发展是不利的。

第二，要看教育管理体系是否完备畅通，是否已实现教育管理队伍的职业化、专业化。好的区域教育一定有一套完整的政策措施，既为教育质量保驾护航，又能激发教育相关利益方的积极性和主动性。也就是管理体系建设上要防止"肠梗阻"，打通教育的"断头路"，使教育发挥教化和文化传播作用，成为区域经济社会发展最好的推动力。实现这样的目标，首先要承认教育的专业性，管教育、当校长的人一定要懂教育，一定要是行家里手。教育局局长、教委主任和校长等关键岗位，必须由教育行家出任，不能外行领导内行。只有教育管理队伍专业化，才能更有利于学校的专业化发展，对地方教育产生更多的正向影响。

第三，要看对学校办学质量和对校长的评价是否科学。有的地方，哪个学校考上一个清华或北大，就奖励校长或学校50万，结果全校就集中精力去培养这一两个能够考上清华北大的学生，甚至出现了花钱争抢高分落榜生的现象。评价指标能够左右校长的关注点，能够引导办学的目标走向。地方政府在评价校长和学校的时候，要考查学校整体办学水平，引导学校和校长关注学校里每一个学生的发展情况。因为每个学生将来都要走向社会，要通过教育让他们获得成长，成为对社会有所贡献的劳动者或创新创造者。

第四，要看给予学校的办学自主权有多大。教师是教育质量的重要保障。教育行政部门希望学校有较高的教育质量、人才培养质量，但是现实情况是学校办学自主权很有限。比如当前县一级学校招聘时，大多是由学校报用人需求、县里的人力部门审批后，由教育局统一组织招聘，再把招到的人分派给各学校，学校没有选人用人的自主权。这样往往造成学校想要的老师进不了，遇到比较差不想要的教师亦很难辞退，这就很难保证质量了。因此，给学校办学自主权，让他们能自主招聘人才，并在区域内实现教师流动是非常必要的。现在有些地方要求教师在评聘某个级别的职称前，必须有至少一年的乡村学校工作经历，这对扩大学校的办学自主权，促进教师科学流动和学校更好发展是一种具有积极意义的创新探索。

学校评价重在过程和增量

具体到对某一所学校的办学水平进行评价时，既要关注学校的办学理念和办学实际效果等，又要注重评价的科学性。

学校的办学方向是至关重要的，应该把社会主义核心价值观认真落实到教育教学的每一个环节。中国的教育必须扎根中国大地，培养中国人、铸就中国魂。当前，大多数基层学校对办学方向普遍把握得比较好，但也有学校在这方面还存在隐患，特别是那些大量引入国际课程的学校，在有些方面内容缺失，培养出来的学生，在人生观、价值观等方面可能就会发生偏离。

另外，还要建立科学的学校评价体系。主要措施是实施多维度的综合评价，不能只用单一的指标，更不能只用升学的结果来评价学校，而是要进行整体性、多维度的评价。在评价中，要对学校办学理念和方法、办学水平等方面进行发展性评价，看变化、看增量，进行动态评价，不光看终结性的考试成绩，还要看培养过程。现在比较常见的督导性评价是一种抽查，主观性成分较大。如果能充分发挥智能化、信息化大数据的作用，更关注学校的办学的过程，过程性评价应该能发挥更大的作用。还要体现评价的多主体性。应该重视并积极吸纳更多主体的判断，比如学生、家长、毕业生对学校的感受和评价，以及同行之间相互的的评价，等等。而且，要尽可能减少人为因素的干扰，建立多主体参与的基于大数据的评价。

师生评价：重在全面和专业

国际上的教育评价理论一直在发展，评价的手段和工具也越来越现代化。无论是国际组织的评价，还是国家对某个区域、某所学校的评价，最终还是要落脚到学校整体的培养质量上，也就是要看学校里每一个老师和学生的成长状况。

对学生的评价，关键是要全面。清华附中的学生综合素质评价系统比较完善，而且正在发挥越来越大的作用。对教师的评价，要反对把班级的考试成绩排名作为对老师进行评价的办法，用这个排名来评价老师并不科学。考试后分数的统计是为了分析，看看哪个学科、哪个教师在教育教学上是否有问题，从而更有针对性地帮助教师提高。

对教师的评价，应该采取学生评价和同事评价相结合的办法。两个评价系统的评价结果不是简单的叠加，而是区分出三种情况：学生评价和同事教师评价"双优""单优"和"双不优"。应该以同行评价的结果为主，学生评价内容作为参考。如果某个老师同行评价很低，学生评价也很低，学校就应该重视，不妨听听他的课，跟班上的学生聊聊，找到该老师的问题所在，从而有针对性地帮助他改进和提高。

对教师也要有发展性、综合性的评价。对教师的评价主要关注三个维度：一是知识，就是学养的深厚程度；二是技能，就是会教，教育教学水平高；三是态度，就是看职业认知和工作态度，是否真的热爱教育事业，是否有教育情怀，是否有坚定的教育理想。这三个维度中，知识和技能是可以慢慢提高的，但态度是能决定知识和技能增长的速度的，是否真心，是否用心，不同老师的成长速度是完全不一样的，因此最应该引起重视。

笔者建议，在国家层面，应花大力气研制出一套针对基础教育的科学的评价指标体系，尽可能地用现代化的手段来收集评价信息，减少人为干预。这个评价指标体系主要是看行为、看过程、看结果，而不是只凭印象和最终的结果。评价应该"允许你不成功，但是不允许你不努力"。只有建立起科学的评价指标体系，才能更好地引导教育高质量发展。

落实"双减",学校如何负起应尽责任

2021年7月24日,中共中央办公厅、国务院办公厅印发《关于进一步减轻义务教育阶段学生作业负担和校外培训负担的意见》(以下简称"双减")。这一重磅文件的发布犹如一石激起千层浪,引发社会强烈反响。不同社会群体,从自己的利益诉求出发,有不同的看法,这很正常。单就学生家长而言,亦难以达成共识,这也可以理解,因为全国各地情况不一样,不同家庭的体验不同,对政策的出发点和重要性的理解自然也不同。

如果我们把"双减"政策放到一个更长的时间背景下看,它仍然属于"减负"这一历经数十年的老话题,只是这次"双减"政策力度之大、牵涉范围之广,远超过去出台的任何一份政策文件,教育部为此还专门成立了校外教育监管司。

为什么要这样做,仅仅只是为了"减负"吗?

深刻理解"双减"政策背后深层次原因

我认为,要深刻认识"双减"政策的重要性,还需要提高政治站位,从党的教育方针的角度去思考。

在 2018 年 9 月 10 日召开的全国教育大会上,习近平总书记从"国之大计、党之大计"的高度阐述了教育在新时代的重要地位,强调要坚持中国特色社会主义教育发展道路,培养德智体美劳全面发展的社会主义建设者和接班人。这一重要讲话,体现了习近平总书记对教育工作"培养什么人、怎样培养人、为谁培养人"这一根本问题的深谋远虑和高瞻远瞩,对于加快推进教育现代化、建设教育强国、办好人民满意的教育有着深远意义。

教育不仅承载着传播思想、传播真理、塑造灵魂的时代重任,更承载着服务中华民族伟大复兴的重要使命。落实立德树人根本任务、培养德智体美劳全面发展的社会主义建设者和接班人的职责,应该由学校承担。但是在当前的现实状况下,资本市场推动下的校外培训"野蛮生长",危及国家教育治理体系,对学校贯彻执行国家教育方针造成干扰,这样的状况迫切需要改变。

校外培训机构在利益驱动下,利用各种宣传手段制造恐慌,通过学科竞赛、超前超纲培训、考前强化培训等人为制造"剧场效应",造成家长焦虑感不断上升,增加学生家庭经济负担,也挤占了学生休息时间,增加学生学习负担,影响学生身心健康发展。对于学校而言,培训机构的做法与素质教育理念背道而驰,学校减轻的课业负担在培训机构那里又加上了,对学校育人工作也带来负面消解效应,部分学生在学校不好好学,把学习重心放在课后补习上,甚至有的学生学校正常的课不上,跑去上培训班的课。这些都严重干扰了学校正常的教学秩序,导致教育的责权利边界不清,让学校无法很好地发挥主导作用。

只有站在落实党的教育方针、培养未来合格接班人的高度看问题,才能更好地理解"双减"政策的重要意义,从而理解、认同、支持国家及地方教育管理部门出台的具体措施。

以双减为教学改革契机，满足学生的个性化需求

"双减"政策对学校、社会培训机构、家庭三者的功能进行了重构，学校要在学生的成长与发展上发挥主导作用，满足学生对教育的全部需求，原本由教育培训机构承担的教育需求，要转由学校完成。这在短期内会对学校形成很大的挑战，但是换个角度看，学生回归课堂主阵地，对于学校深化教育教学改革是一个契机。学校如何转变观念和职能、创新思路，将直接关系到"双减"政策实施的效果。学校是主动作为还是被动应付，会带来截然不同的结果。

首先，学校要着力提高课堂教学效率。课堂教学一定要考虑全体学生的情况，实施"零起点"教学。过去有些教师课堂上不好好讲，让学生课后上培训班"找补"，这样的做法是行不通的。今后，课堂上没解决的问题，课后也还得由学校来解决。更重要的是，学校的课堂教学要更加注重因材施教，满足学生个性化需求。这是学校教育的短板，相反却是培训机构的强项。如何推进分类、分层教学改革，让每个学生都得到充分发展？学校要加强这方面的研究并付诸实践。

其次，学校要提高作业布置的质量。作业具有检验学习效果、巩固所学知识、促进拓展应用、反馈改进教学的功能，是教学必不可少的重要环节。"双减"政策要求全面压减作业总量和时长，减轻学生过重作业负担。作业量减少了，对作业的质量就提出了更高要求。学校应以教育部发布的《关于加强义务教育学校作业管理的通知》为指导，在作业布置上，精心选择作业内容、精准针对不同学生、精确校正课堂教学、精细反馈作业情况。作业布置不能完全围着考试打转，要通过作业引导学生自主探究、提高思维品质，作业的形式可以更加多样化。学校要加强作业的互动答疑工作，这是提高作业质量、满足学生个性化需求的重要环节，学校在这方面要做好专门的制度设计和安排。

再其次，要充分利用好课后服务时间，拓展学生素质。按照"双减"政策规定，每天放学后学校会增加约两小时的课后服务时间。学校应好好利用这两个小时，与日常课堂教学结合，进行整体性设计安排，做好作业的答疑反馈，为不同需求的学生提供个性化学习服务。在完成学科学习任务的基础上，应重点进行素质拓展，通过开展丰富多彩的艺术、体育类课程或活动，为学生特长发展提供指导和舞台，为综合育人提供载体。以清华附中为例，学校搭建了很多活动平台，如微电影节、运动会、学生节、戏剧展演、英语短剧比赛等等。清华附中在实施学生综合素质评价时，就让学生把参加的活动都记录下来，用行为记录的评价方式，引导和鼓励学生参加丰富的活动，在活动中成长。

三方协同，借力外部资源解决课后服务难题

落实"双减"政策，搞好课后服务工作，不是简单表表态、喊喊口号就可以做好的，学校要想办法解决一系列可能遇到的困难和问题。

减轻学生作业负担，需要家长学校协同配合；减轻校外培训负担、规范治理校外培训，主要靠政府推动；而做好课后服务，解决学校面临的人、财、物等方面的问题，则需要学校、家庭、社会三方协同努力。

按周一到周五每天增加两小时课后服务时间计算，这段时间那么多学生在校同时开展学科学习或素质拓展活动，需要的教室、活动场所、体育及艺术器材等，比日常教学都要多，这不仅会导致空间资源及硬件设施的不足，还会给教学组织安排、安全管理工作等带来挑战。

另一个突出问题就是造成师资力量的短缺和教师工作量加大。如何在满足学生发展需求的同时保障教师的合法权益，激发教师工作积极性？

解决硬件设施及教育资源不足的问题，可以打破校园围墙，适当借鉴国外"社区学习中心"的模式，充分利用好学校周边社区、企事业单位的资源。比如清华

附中发挥背靠清华大学和毗邻中科院、科研院所众多的优势，引入专家资源，为学生开设专题讲座、指导学生开展科技探索活动，利用毗邻的圆明园的资源，开设了"走进圆明园"系列综合实践活动课程。地方教育主管部门可探索组织部分优秀公立学校，开发优质在线教育资源，通过现代信息技术手段实现资源共享。

解决师资力量不足的问题，一方面政府要适度增加学校的教师编制，培训机构里有一大批教师具有较强的责任感、育人意识，特别是他们在因材施教、进行个性化辅导方面具有丰富经验，学校可以通过招聘的方式将他们吸纳进入教师队伍。另一方面，学校可以通过购买服务的方式，与一些有资质、有特色、服务质量和社会信誉较好的社会培训机构合作，丰富课后服务的内容，更好地满足学生个性化学习需求。

实施"双减"后，我觉得还有一项工作不能忽视，那就是要重点研究如何满足两类学生的发展需求。一类是成绩特别差的，另一类是成绩特别好的。对这两类学生都要加强针对性的辅导，制订相应的培养方案。目前多数学校教师在这方面还存在短板，需要加强培训，特别是要研究如何充分发掘学生潜质，做好拔尖创新人才的培养。

如何把好课外读物进校园入口关

2021年3月,教育部下发了《中小学生课外读物进校园管理办法》(以下简称《办法》),针对教材、教辅之外的正规出版物(含数字出版产品)进入中小学校园制定了管理办法。《办法》明确了国家、省、地县和学校四级管理机制及各自的职责,明确了中小学校课外读物推荐的方向和标准,并对影响青少年健康发展的情形划定了"12条红线",明确规定不得推荐或选用为中小学生课外读物。《办法》明确指出,学校是中小学生课外读物推荐的责任主体,具体负责课外读物的遴选、审核工作,并就具体的组织和分层落实机制、监督检查机制和违规行为处理办法都做出了明确规定。

中小学生课外读物的管理,正如陈宝生部长所言:"看似小事,但都是关系学生健康成长、全面发展的大事,也是广大家长的烦心事。"可以说,《办法》的出台恰逢其时,具有很强的现实针对性和可操作性,对于落实立德树人根本任务、引导儿童青少年健康成长具有重要的意义。

根据《办法》,学校是课外读物推荐和管理的责任主体,是课外读物进校园最重要的把关人,可谓"责任重大,使命光荣"。学校如何担起这份沉甸甸的责任?

作为一名校长，我认为，首先要深刻认识课外读物的育人价值，以及对于中小学生全面成长的重要意义。不能一谈"管理"就因噎废食，因为怕出问题、怕担责任就简单粗暴地一刀切，不让课外读物进校园，这是极端错误的。

古人云："文以铸心，书以载道。"中小学正是儿童青少年成长的"拔节孕穗期"，课外读物不仅能启智增慧，开阔视野，满足孩子们的好奇心，增强想象力和逻辑思维能力，还可以培根铸魂，让学生在阅读中吸收中华优秀传统文化，引导学生树立正确的人生观、价值观。优秀的课外读物与课堂教学相辅相成，是教材、教辅的有益补充，对于弘扬民族精神、时代精神和科学精神，培养学生的家国情怀，提升人格修养，开拓国际视野，涵养法治意识，无疑具有不可替代的作用。正因如此，《办法》明确指出："中小学校要大力倡导学生爱读书、读好书、善读书""营造家校协同育人的良好氛围，建立阅读激励机制。"

学校如何做好课外读物的遴选、推荐与审核工作？一方面要增强把关意识，按照《办法》提出的"方向性、全面性、适宜性、多样性、适度性"五条原则，选择一批主题鲜明、内容积极、可读性强，能体现主旋律、引领新风尚的课外读物，纳入推荐目录，对于《办法》提到的不得推荐或选用为中小学生课外读物的 12 种情形，要保持高度警惕，坚决不踩红线。另一方面，要提高把关能力，确保让学生"读好书"。

中小学生课外读物琳琅满目，其中有一些是不适合中小学学生阅读的，或者说不是适合每个年龄段学生阅读的。学校要根据教育规律和育人理念，建立各部门协同、全流程跟踪的推荐、审核机制，建立起完善的学校图书采购与管理制度。在学校里，可以成立由各学科教师组成的荐书专家组，对书目进行梳理筛选，并按照不同学段的需求特点向学生推荐。比如小学阶段，从提升学生认知力、理解力角度，需要广泛阅读，可以多读一些启蒙绘本、经典故事、识字、益智、科普类书籍。初中阶段从激发学科兴趣、提升思维水平出发，可以加入更多经典名著、自然科学类书籍。高中阶段可以多读一些人物传记、励志类书籍，激励学生树立远大理想，规划人生目标。

随着信息技术不断发展，人工智能技术可在学校选书、荐书过程中发挥重要作用，智能化识别搜索和净化筛查技术，可以协助人工完成大批量读物遴选工作，学校还可以建立智能化的图书分区、分级管理机制，根据不同阶段学生的识字量、阅读偏好和理解能力，对学生读物进一步细化分级，使学生能根据自身的阅读水平和兴趣借阅，提高阅读效率，同时减少阅读过程中出现一知半解、价值观误导等情况。

阅读能力是人实现终身发展的一项重要能力，因此，学校除了对课外读物进行推荐、审核外，还应该指导学生掌握科学的阅读方法，营造浓厚的读书氛围，提供便利的阅读条件，让学生养成良好的阅读习惯，提升阅读能力，这是学生发展体系中的重要一环。

如何为新高考做好准备

新高考改革方案牵涉基础教育教学改革和大学招生方式的变革以及大学和中学在人才培养上的衔接等问题,具有系统性,可谓牵一发而动全身。对于中学而言,新高考的选考科目组合要求高中实施选科走班教学,这必然会在硬件资源、师资力量、学业规划指导和教学组织管理等方面带来一系列挑战,更对中学教育的功能提出了新的要求。

多途径挖掘硬件资源潜力

在硬件方面,最大的挑战是教室不够用。假设原来的固定班每班50人,一个班级一个教室,每个教室上课时人数基本是满额的。实施选科走班后,开展教学时,不同教室里上课的学生不同,有的20人,有的30人,每个班上课的学生少了,班次多了,原来的教室自然就不够用。

如果没有条件新建教室,就要想办法挖掘现有硬件资源的潜力,比如可以把一些功能单一的房间,经过精心设计和改造,使之成为多功能的教室。过去为了方便管理，一些学校专门建了实验楼，实验课上完后，实验室大部分时间都空着。我们可以把部分实验室改造成既能做实验又能上课的教室，提高其使用效率。

另一个办法就是尽可能把教师办公室安排在那些不适合做教室的房间，比如清华附中就用过一些集装箱改成的房子，作为临时周转用房，教师可以在里面临时办公。总之，要通过各种办法提高空间使用效率，不能让学生的选科走班因为没有教室而受到限制。

做好师资调配和选课走班管理

选科走班会带来现有师资与需求的结构性失衡。一方面有些学科的教师少了，要想办法招聘相应学科的教师，实在没办法也可以聘用一些合同制的教师和临时性的代课教师；另一方面有些学科教师多了，可以安排他们转岗做一些临时性的教学研究工作，对规模较大的集团校而言，还可以在不同学校间进行灵活调配，尽量避免因此而辞退教师，引发不必要的矛盾。

选科走班给学校的教学组织管理带来很大挑战。分学科教学的同时还得分层教学，因为选择同一科目的学生，基础和水平不一样，只有分层教学才能更好地实现因材施教，所以学校要针对不同层次的学生做好教学进度的安排，配备与之相适应的教师。有的教师驾驭得了高水平的学生，却未必能教好低水平的学生。这对教师的挑战也是非常大的。

教学要分层次，教师和教室都有变化，学生互相之间要避免冲突，还要考虑不同群体的特殊诉求，这个时候排课就会很困难，靠人工已经无法排出课表，只能借助信息技术手段，兼顾各种因素，输入电脑进行排课。实施选科走班教学后，教学时间往往会拉长，比如过去下午3：30必修课基本就结束了，实施选课走班后，为了避免冲突，就得拉长时间，最后一节课往往会排到下午四五点钟，还有可能出现体育课被排在上午第一节的不太常见的情况。

不能弱化班级的育人功能

实施走班制后有了课程班,还要不要保留行政班级?不同的学校做法不太一样。我不太赞同取消行政班的做法。我提倡"能不走就不走,能少走就少走,不得不走再走"。走班只是一种需要而不是时髦,因为大家要学的东西不一样,才不得不分开上课。在清华附中,既有课程班又有行政班。

班级不仅仅是学生学习生活的空间,更是一个育人的载体,承载着培养集体主义精神、集体荣誉感、团队精神等德育功能。学校里的许多活动如运动会、合唱比赛等文体活动,大多是以班级为单位组织的,班主任在育人上的价值和功能也要依靠班级才能充分发挥出来。相反,因为走班选科,原有的班级归属感被削弱,班级的德育功能在一定程度上被弱化,学校更应该预见到这方面的潜在风险,提前做好相应的预案。如果取消行政班级,通过什么方式和手段来实现原行政班级的育人功能,这是需要认真研究的。新高考改革的任何举措,都不能背离立德树人的根本目标,否则就会犯方向性的错误。

系统推进相关的配套改革

高考改革是新时代教育评价改革总体方案的一部分,是一项系统工程,除了选科走班这一核心环节,迎接新高考,还需要在以下三个方面提前做好谋划。

一是做好学业规划指导。学会正确选择本身就是教育的一部分,学校不仅要给予学生选择的权利,还要教给学生选择的方法,但目前我们在理论指导、体制机制建设、专业师资配备等方面还没做好充分的准备。当务之急是建立一支专兼职相结合的学业规划指导队伍,开设学业规划指导课程,指导学生按照个人兴趣和科学原则来选科,避免盲目跟风或急功近利的做法。集体非理性的盲目乱选会导致学科之间严重的结构失衡。

二是做好全学科的考试，包括高考、等级性的学业考试和其他学科考试。每一个方面的学习和考试都要在评价选拔中得到体现，重视学生的表现性评价，不能只盯着高考科目，这样才能保证学生各学科均衡发展。现在有些学校对于学生没有选的科目采取完全忽略的做法，这对于学生进入高校后的学习和今后的长远发展是非常不利的。

三是做好综合素质评价。目前的政策设计是把综合素质评价作为高校招生的"参考"，现在条件还不太成熟，有些学校和地方做得好，有些学校和地方做得不好，大家对其公平性、科学性、权威性也存在质疑，但是我们要慢慢树立起这样的意识，用综合素质评价引导学生全面发展，督导和评估学校是否真正落实素质教育理念。对于当前综合素质评价中大家觉得没有争议的评价指标可以先纳入，循序渐进，积极稳妥地推进，这样才能更好地发挥综合素质评价的导向功能。

还有很重要的一点，高中课程教学的改革要同步推进。目前高中新课标新教材已经开始使用，课程设置和教学方式也要立足学生发展核心素养、顺应高考内容改革的趋势，加快改革的步伐。

"后疫情时代"的教育价值观念之思

2020年初来势汹汹的新冠肺炎疫情，在众多"逆行者"的奋勇拼搏和全国人民的共同努力下，已经渐趋平静，中国的抗疫斗争取得了阶段性胜利。现在，全国各地的疫情防控措施逐渐常态化，各行各业复工复产情况稳定向好，各级各类学校都在有计划、分年级地尝试开学复课。这次突如其来的疫情犹如一次"大考"，广大中小学按照教育部"停课不停教、停课不停学"的要求，利用互联网，积极开展线上教学，普及防疫知识，弘扬抗疫精神，凸显了制度优势，取得了很大成绩。当然，在此过程中也暴露出不少问题。比如，教育管理上缺乏危机应对机制，资源储备和整合利用能力不足；教师信息技术应用能力不足，对在线教育的规律研究不够，教学设计缺乏选择性、启发性；学生自主学习和自我管理能力不足，等等。这些都是教育界在后疫情时期甚至今后很长的一段时间里需要持续反思的。此外，我们还应该从价值观念的层面去思考，我们对"培养什么样的人"这一教育终极目标的理解是否到位？我们对学生的教育是否存在偏颇和缺失的地方？

要树立科学的生态道德观，敬畏自然，尊重自然规律。老子说："天地不仁，以万物为刍狗。"古人相信万物在天地之间是依照自然规律运行的。那时科学不发达，人类没有"征服自然"的能力。在科学越来越发达的今天，人类"征服自然"的能力越来越强，但是我们更要清醒、理智地认识到，人类只是世间万物中的一种，不能一味地"征服"，必须懂得节制。科学家们基本认同病毒来源于自然界的生物体，看起来这是偶然事件，但当全世界都同时遭遇同样的危机时，这一偶然中就蕴含着必然。我们要让学生懂得尊重自然、保护自然，树立科学的生态道德观念，保持人与自然的平衡关系；培养具有健全人格的人，促进人类的可持续发展，提高整个国家的文明程度。

病毒学史研究告诉我们，病毒的诞生比人类早，人类感染病毒的历史也很悠久。病毒为了繁衍，通常要寄生于某种生命体中。而生命体在努力存活的过程中，都是在不断地相互适应、相互征服过程中寻找平衡的，这种平衡一旦形成，就成为自然规律。这次的疫情，可以理解为大自然对人类破坏平衡的"反扑"，是大自然对我们不尊重自然规律的惩罚。我们要修正在地球上以人类为中心的想法，尊重自然规律，保护动物、植物和其他生命体，实现人与环境的和谐共处。

要坚定"人类命运共同体"理念，自觉遵守规则。这次疫情危机，再次证明习近平总书记提出的"人类命运共同体"理念是切合当下实际的远见卓识。要想战胜新冠病毒，不是一个城市、一个省份、一个国家能够独立完成的，全球必须团结协作、携手应对。我们应该教育学生站在"人类命运共同体"的高度去看待身边的各种关系，处理身边的各种问题，团结协作、互帮互助。我们在武汉战疫和当前协助各国战疫过程中的行动，已经为此做了生动的注脚。

团结协作、命运与共的一个重要方面是大家都要遵守规则、有规则意识。规则意识的基础是自律和诚信，不能要求别人遵守规则而自己不守规则。遵守规则是利己与利他的统一，不遵守规则的人，最终会受到相应的惩罚。

教育要善于从教训中反思，补齐教育的短板。反观这次疫情，人类显然没有从 2003 年 SARS 疫情中汲取足够的教训。我们不能"好了伤疤忘了疼"，良好的卫生习惯和生活方式，不是危机下的要求，而应成为每个人日常的自觉行为。教育工作者要把这次疫情当作课程，努力"把坏事变成好事"。过去我们进行生命教育、诚信教育、爱国主义教育，提到向英雄模范学习，要无私奉献、不怕牺牲等，学生总觉得离他们很遥远。这次疫情中涌现出许多鲜活的人和事，学生们亲身经历了，亲自感受到了，一定有更深切的感受，对生命的意义、生命的价值就会有更深刻的认识。

借力新课标,促进义务教育新发展

新修订的义务教育课程方案和课程标准正式颁布了,这是教育部在新的历史起点上落实立德树人根本任务的重要举措,是回答"培养什么人、怎样培养人、为谁培养人"这一根本性问题的具体体现,对促进义务教育高质量发展、建设教育强国具有重要意义。

中小学如何在教育教学实践中落实好新的课程方案和课程标准?我提出三点建议。

立德为先,强化课程教学的育人功能。对于一线教育工作者而言,往往容易把关注点放在新修订的义务教育课程方案和课程标准学科内容的变化,从学科内容的角度去解读和理解新方案、新标准,忽略新方案和标准对于义务教育阶段学生培养目标的强调、对于"培养什么人、为谁培养人"这一重大问题的强化。义务教育的根本任务是立德树人,一线的中小学教师应将课程方案提出的培养目标细化落实到各学科课程和教学中,以社会主义核心价值观为统领,铸魂育人。各门课程要强化育人功能,强调学科德育,让课程教学服务于培养有理想、有本领、有担当,德智体美劳全面发展的社会主义建设者和接班人这一根本目标,真正做到方向明、宗旨清。

转变观念，聚焦关键能力和必备品格培养。习近平总书记在全国教育大会上强调，"要在坚定理想信念上下功夫""要在厚植爱国主义情怀上下功夫""要在加强品德修养上下功夫""要在增长知识见识上下功夫""要在培养奋斗精神上下功夫""要在增强综合素质上下功夫"。这"六个下功夫"为"怎样培养人"提供了具体的行动指南。新修订的义务教育课程方案和课程标准围绕"六个下功夫"，在课程实施、教材编写、教学内容、考试评价等方面细化了过程指导，在课程设置和内容结构上进行了调整优化，明确了各门课程要培养的核心素养，研制了学业质量标准，加强了不同学段之间的衔接。中小学在落实过程中，要把以传授知识、追求分数为导向的教育观念，转变为基于核心素养培养、能力培养和五育并举的观念，形成清晰、有序、可评的课程目标，做好国家课程、地方课程和校本课程的统筹规划，优化课程供给结构，结合"双减"政策要求，提高课堂教学质量和课后服务质量，着力培养学生的关键能力和必备品格。

聚焦难点，促进义务教育深层次问题的解决。义务教育全面普及任务早在2011年就完成了，现在主要的任务是如何实现高质量、均衡化，尤其是在"双减"背景下，教与学的方式都发生了巨大变化。在义务教育课程改革的实施过程中，还存在一些不容忽视的问题。例如，承上启下不足，初中与小学缺乏深入有机的衔接，初中与高中缺乏科学的贯通连接；因材施教理念体现不够，内容难度的梯度设计不够，无法保证个性化和选择性；学科课程间综合性、关联性不够，课程协同育人功能较弱；劳动教育弱化，劳动课程名存实亡，等等。这些问题都是长期存在的"老大难"问题。新修订的课程标准直面问题，迎难而上，提出了一系列改革举措。如：将劳动从原来的综合实践活动课程中独立出来，单独设立劳动课程；义务教育阶段学生年龄跨度比较大，在课程方案和课程标准设计上注重学段衔接与科目分工，加强课程一体化设计，针对"幼小衔接""小初衔接""初高衔接"，在课程设置和课程内容设计上做了一系列改革，体现学习目标的连续性和进阶性；推进综合学习，探索大单元教学，积极开展主题化、项目式学习等综合性教学活动，原则上各门课程用不少于10%的课时设计跨学科主题学习；强化学科实践，注重情境教学；落实因材施教，开展差异化教学，等等。过去，许多学校看到了这些方面的问题，也进行了一些积极的探索，但是在认识上还没有形成共识，在推进过程中遇到很多困难和阻力。义务教育课程方案和课程标准是中小学"教、学、评"的基本遵循，中小学应借助新的义务教育课程方案和课程标准颁布的东风，凝聚共识，形成合力，攻坚克难，坚持素养导向，深化教学改革，转变育人方式，改进教育评价。

义务教育新课程方案和课程标准要真正落实到课堂教学中，还有很多事情要做。教材编写单位要力争编出培根铸魂、启智增慧、适应时代要求的精品教材；广大教师要深入研究、充分理解新课程方案、课程标准和新教材，在教学中把有关要求落到实处。只有各方协同努力，才能促进义务教育的高质量新发展。

PART 2

第二辑

学校教育
　与家庭教育

全面松绑，方能激发学校办学活力

2020年9月，教育部等八部门《关于进一步激发中小学办学活力的若干意见》(以下简称《意见》)正式发布，引发社会各界广泛关注，中小学校长们更是热切期盼《意见》能真正落地，从而保障学校的管理者能心无旁骛地把主要精力投入到学校管理水平提升和教育教学质量提高的工作中。

《意见》提出，要保障学校办学自主权、增强学校办学内生动力、提升办学支撑保障能力和健全办学管理机制，为处理好"管"和"办"的关系提出了具体的举措。

师生面貌是办学活力的体现

"活力"并不是一个很严谨的学术概念，而是一个画面感很强并带有感性色彩的词语。一所学校的活力，其实也可以直观地从该校师生身上所散发出的精气神感受到。如果走进一所学校，看到的是学生和老师们轻松的微笑，听到的是自然的问候，这所学校大概率是积极向上、充满活力的。

学校的主体是人，只有校长有活力，教师有活力，学生有活力，这所学校才算有活力。学校要有办学自主权，教育主管部门在教育教学、人事任免、经费使用、学校发展等方面应赋予校长权限，让校长能真正"当家做主"，才能激发校长办学治校的活力。教师在教育教学上有一定的自由空间，能够按教育规律干自己应该干的事、干自己喜欢干的事，才能有创新、有活力，才能形成自己独特的教学风格。

我曾经听说过这样一件事情：一位教研员到学校听课，跟教师交流的时候说，你的课很精彩，但是我不能给你评"优秀"，甚至连"合格"都不能给，因为你没有按全区的教学进度授课。如果教师连调整教学进度的自主性都没有，只能严格按照全区统一教学进度"齐步走"，如何能激发他的从教活力？何谈因材施教？如果教师没有活力，学生的活力又从何而来？

自主权是办学活力的关键

制约学校办学活力的因素很多。从管理学校的体制机制，到对学校开展的质量检测、评估督导、评价激励，再到传统观念、社会环境和家校关系等对学校的无形制约，都会影响学校的办学活力。这些制约有显性的也有隐性的，但都影响巨大。由此可见，激发办学活力是一个艰巨的系统工程。在诸多的制约因素中，我认为，办学自主权是影响学校办学活力的关键。

办学自主权会体现在学校治理的方方面面。《意见》提出要给学校人事自主权，那就应该从招聘教师到职称评定、从评选先进到选聘中层干部，都交由学校主要负责。估计现在大部分学校是没有这样的人事自主权的。比如，有些地方规定学校可以自主设立校内机构、选拔中层干部，但这些都要报上级教育行政主管部门批准或者备案，看似给了学校自主权，但还需要批准。根据《意见》，我觉得，学校日常运行管理等内部事宜应尽量由学校自己说了算，教育行政部门需要抓大放小，重点是配齐配强学校党政班子，把握好办学方向。

对于学校办学的质量控制需要创新管理方式，这是学校治理体系现代化的一个重要方面。现在教育行政部门对学校多采用下校调研、督导、检查等方式，当然有一定作用。但是仅仅看材料、听汇报的方式是远远不够的，评估应该有一定的过程性，并且借鉴国际上公认的一些做法，引进第三方权威评价机构，对学校进行全方位、全过程的观察和评估。

这类评估一般都会派若干名"观察员"，深入学校一段时间，进行实地观察，走进课堂听课，跟老师交流，跟家长交流，跟学生交流，不干扰学校的日常运行和办学过程，不增加学校的负担，他们就是希望看到真实的学校运行状况。有些评估过程需要持续很长时间，一个评估周期结束后，"观察员"会给出一个综合的评估报告，指出学校的特色与优势，给出问题和整改建议等等。往往一个评估周期结束之后，会开始一个新的要求更高的评估周期。这也是实现"管、办、评"分离的具体体现，可以使得教育行政部门对学校的管理方式更科学，可以给学校减负，增强学校的发展动力和办学活力。

落实《意见》精神，激发中小学办学活力，教育管理部门要做好"放管服"这篇大文章，前提是先做到"管办评"分离。教育行政部门要管政策保障、管经费支持、管资源提供，包括物质资源和人力资源。"办"的方面重在选对人、把握好政治方向，对于学校具体办学过程中的路径选择及创新探索，不宜过多干涉。在完成"规定动作"之外，应该允许甚至鼓励学校多在"自选动作"方面进行积极探索，百花齐放，办出学校各自的特色，避免千校一面。对于学校办学过程的监管，也可以有多种选择，实现监督过程化、维度多元化、评价数据化、认证常态化，激发办学活力。

《意见》的出发点是好的，《意见》的具体内容是务实的，如果能很好地贯彻落实，对于激发中小学办学活力是有积极意义的。凡事皆有轻重缓急，我觉得应该先从减少附着在教育行政管理部门身上的非核心、非必要功能着手，教育行政部门管得少了,学校自然就更有活力了。其他七个部门再各用各的钥匙去开相应的锁,把束缚在学校身上的链条去掉,给学校足够的自主权,这是激发学校办学活力的基础。

创新发展是办学活力的源泉

要增加学校办学内生动力,就要激发学校创新发展活力。创新是学校办学活力的源头活水。教育管理部门可以创新管理方式,更多采取事中事后监管,区别不同学校的实际情况,依据学校办学水平和管理能力,注重加强分类管理,实施精准定向赋权,构建差异化的监管方式。为了实现办学目标,学校可以进行文化引领,可以采用各种内部激励措施,可以通过评价促进教师的成长,还可以采用各种创新性的方法达到促进学生不断发展的目的。

当前,各类检查、评比、督导、总结、抽查等对学校的正常教育教学造成较大的干扰。学校领导干部一天到晚忙于各种各样的收集材料、参加会议、汇报工作,没有时间和精力去思考以提高学校教育教学质量为核心的各方面的创新,自然影响办学活力。

以"特色学校评价"为例,一所学校要创立什么特色,学校通过持续多年的努力得到学生、家长和社会的认可就行了。但现行做法却是由教育行政部门检查学校整理好的大量档案材料,听取学校的汇报,之后批准为某方面的"特色学校"。一所学校如果有多个特色,就要准备更多材料,做更多的汇报,并且先在区里汇报再到市里、省里汇报,学校领导的很多时间和精力都被应付各类检查、出席各类会议、参加各种汇报所占用。

《意见》指出,要发挥校长作用,提高办学水平。校长必须把时间和精力多用于学校创新发展上,而不是用于迎接各类检查、评比、汇报上,应该把校园还给校长,把校园还给老师,把校园还给学生,给他们提供创新发展的空间。教育主管部门在选聘校长的时候,要严把政治关、能力关,派到学校之后,就要给校长充分的自主权,给他更多的创新空间,而不能把校长关在一个看不见的笼子里,却说"给你自由,你可以随便走",这是无法进行创新发展的。

由于对学校的办学质量和水平缺乏科学的评价体系,我们只能被动接受社会上普遍流行的、以考试分数和升学成绩论优劣的现实。多数学校只好围着应试成绩转,没有创新的环境和勇气,能供学生自主选择的丰富多彩的课程和活动更是无从谈起,甚至稍有风险的体育运动或外出研学活动,因为担心个别学生稍有差池学校就被搞得鸡犬不宁而不敢为之。为了安全起见,学校只能把学生尽可能多地留在教室、留在学校。这样的学校教育谈何活力?

激发中小学办学活力是一项长期复杂的系统工程,《意见》的贯彻落实需要处理好多方面的关系,必须尊重教育发展规律与人才成长规律,因地制宜、因校施策,营造良好的教育生态,在规范办学与激发活力之间达成平衡,让办学主体拥有自主性、创新性和选择性,为激发办学活力提供坚实保障。

如何培养造就更多的优秀教师

2014年9月9日,习近平总书记在庆祝第三十个教师节和北京师范大学师生座谈交流时讲道:"一个人遇到好老师是人生的幸运,一个学校拥有好老师是学校的光荣,一个民族源源不断涌现出一批又一批好老师则是民族的希望。"(习近平:做党和人民满意的好老师——同北京师范大学师生代表座谈时的讲话)党的十九大报告也指出,建设教育强国是中华民族伟大复兴的基础工程,必须把教育事业放在优先位置,要把握好新时代教育的新使命,坚持教育自信。今天的学生就是未来实现中华民族伟大复兴中国梦的主力军,广大教师就是打造这支中华民族"梦之队"的筑梦人。因此打造一支优秀的教师队伍,是办好新时代人民满意教育的重中之重。

什么样的老师才是好老师?

第一是"为人"。所谓"学为人师行为世范",作为老师,要有一定的知识积累,但人格和品德修养最重要。著名的教育家斯霞曾经说过:"要使学生的品德高尚,教师首先应该是一个品德高尚的人。"师德不但可以感染学生，也能为教师树立起自己的教学形象，进一步增强课堂教学效果。"安其学而亲其师，乐其友而信其道"。只有这样才能对得起学生的一声"老师好"，对得起教师"太阳底下最光辉的职业"的说法。孔子被称颂为"圣人""万世师表"，不仅仅因为他学识渊博，更主要是他的为人值得学习。为师之道贵在化人、育人。老师身教重于言教，老师得用行为去感染和影响学生，老师不能光自己跑，得看着学生跑、带着学生跑、督着学生跑、陪着学生跑。当老师要该严的时候严、该宽的时候宽，要善于观察，摸清学生的思想状况，在批评教育方面要讲究策略和方法。

第二是"为学"。老师的学科知识一定要博大精深。博大和精深，这两个词不能错位。"博大"是指做老师知识要渊博，教物理的也要懂化学，甚至懂点历史。"精深"，是指专业知识积淀深厚，对学科的理解精深、通透，有一定的思想高度，对学科深刻的思想内涵要理解到位，在讲课的时候能够做到旁征博引、深入浅出、驾轻就熟、举重若轻、游刃有余。好老师在"为学"方面的要求跟学者的角度是不一样的。我经常说老师要会"承上启下、左顾右盼"，就是一定要和所教学科知识之外的学科和生活实际关联起来，能够把过去、现在和未来联系起来。听一个好老师讲课，就跟听评书似的，不知不觉就听懂了。

第三是"为教"。就是老师要懂教学策略和技巧。给谁讲、用什么方式讲？要会随机应变，善于因材施教，引人入胜。为师之道，要在课堂上遵照教学法则和美学尺度的要求，灵活运用语言、表情、动作、心理活动、图像组织、调控等手段，充分发挥教学情感的功能，循循善诱，取得最佳教学效果。

学校如何培养出好老师？

好老师从哪里来？按逻辑关系来讲，首先要把那些有潜质成为好老师的人选进教师队伍中来，当然，再往前追溯就是师范教育，师范教育质量决定了教师后备人才的整体水平，为后续的培养提供了最大的保障，而学校的在职培训，只是比较靠后的一个环节。

一所学校要培养出好的教师，首先要营造良好的校风。正所谓风清气正向上行。学校要倡导教师爱岗敬业、追求卓越，同时必须建立起相应制度，在各类评优评先、奖金发放等方面做到公平公正，绝不能让努力的、干活多的、贡献大的教师吃亏。谁更努力谁就会得到更多的肯定、更多的关注、更多的支持、更多的激励，这样整个队伍就会奋发向上，形成百舸争流的场面。同时学校要建立完善的分流和淘汰机制，促进学校整体品质和教师品质的提升。

其次，要搭建教师成长发展的平台，比如采用建立名师工作室、师徒结对等一系列措施，帮助年轻教师快速成长。我觉得这里面要抓住 5 个主要环节：一是合理选择培训对象，把机会给那些发展欲望强烈、有坚定职业理想、积极主动的教师；二是要有科学的培养目标，比如有的发展重点定位在课堂教学，有的定位在课题研究，有的定位在班级和学生管理等；三是建立完备的活动制度和活动要求，使每次的活动落到实处，使教师有实实在在的收获；四是要突出辐射和带动作用，活动要有开放性，在引领别人的同时也对自身的发展有所促进；五是要加强管理和评价，不断总结、不断反思，逐步完善培训机制和模式，促进教师全面提升。

再其次，要"请进来、走出去"。一所学校的教师队伍要不断发展，就要让他们永远处在谦虚学习的状态。如果一所学校发展水平很高，大部分老师水平也很高，大家觉得没有能让自己服气的人，那这些教师往往就很难再有上升的空间。这个时候就要多采取"走出去、请进来"的方式，让他们开阔眼界、提升境界，让他们见识更高水平的人，让他们真切体会到山外有山、人外有人，认识到自己的差距，从而激发学习的动力。

如何打造一所名校，进而培养更多的优秀教师？

校长的品质、学识、才能、业务水平、管理水平对学校的办学方向、办学目标、治校方略、办学水平、教育质量都起着关键作用。无数事实证明，校长是学校的灵魂，是学校的一面镜子。他应该有清晰而准确的定位，对学校战略发展有清晰的规划，能够带领团队一起努力实践并实现理想。同时，一个好校长应该在教育的难题上有所研究、有所探索，他不随波逐流也不简单模仿，不跟在别人屁股后面跑。要引领这个时代教育的正确方向，就要先想到别人没有想到的，率先找到难题的解决办法，只有这样才能更好地促进学校的发展。

领导团队是一所学校的最高决策机构，校长是这个团队的带头人，校长要有足够的眼界、宽阔的胸怀，包容、尊重、善于沟通，能团结大家。当然也要按程序行事，不要遇到自己擅长的方面总想插手管一管，这会极大地限制团队的积极性。越是自己擅长的领域越应该放手让其他负责人去做，发现问题再进行指导，自己重点去学习不擅长的那些工作，提升自己的能力。校长要关心教师团队，但不应该越权，更不要做背后的调控者。例如在评选教师职称这件事上，或许每位校长心目中都有几位自己欣赏的老师，但一定不要左右民主票选的结果。就教育教学层面来说，校长不要强推同一个教学方法，应本着尊重学生个性、倡导独立精神的原则，让教师可以自由选择教学方法。

学生取得的好成绩，不完全是老师教出来的，更多的是学生在学校的良好环境下、在老师的引导下，靠自己努力获得的。教师要摆正自己的定位，合理扮演好自己的角色，从带着学生跑，到陪着或跟着学生跑，到最后只能看着学生跑。教师是给学生指方向、给学生教办法的人。教师要点亮学生人生的更远大目标和更远大理想，绝不能让自己成为学生发展的天花板。学校在尽力为学生提供好的学习环境和氛围的同时，要摒弃唯分数论英雄的观念，学校应该成为让学生全面发展的场所，让学生能够成为自食其力的人、对社会或对家乡做出一些贡献的人、一个追求精神生活的人、一个能够拥有幸福生活的人。学校应该倡导尊重学生的个性和独立自由的精神,鼓励学生积极参加科技活动、创客空间、高研实验室探究实践和多种多样的社团活动。实践证明,积极参加活动的学生,不仅考试成绩好,综合素质也更强,往往还具有突出的个性和特长。学生通过参加丰富的活动切身感受到学习的必要性、重要性,学习会更自觉、更高效。全面发展并学有余力的学生未来才能更精彩。

如何充分发挥体育的育人价值

2018年,习近平总书记在全国教育大会上提出要建立"德智体美劳"全面发展的人才培养体系,阐明体育的重要作用在于"帮助学生在体育锻炼中享受乐趣、增强体质、健全人格、锤炼意志。"这一论断是对学校体育价值的高度凝练,成为新时代学校体育工作的重要指导思想。

中国特色体育思想的渊源

近现代以来,不论是中国共产党的领导人还是著名的教育家和学者,对于体育的功能、价值都曾做过深刻的阐释。

2021年全国新高考Ⅰ卷的作文题目引发全社会热议,所给材料就取材于毛泽东于1917年在《新青年》杂志上发表的《体育之研究》一文。这篇文章深入浅出地阐明了德、智、体三育的辩证关系,认为"体育一道,配德育与智育,而德智皆寄于体,无体是无德智也。"文章还提出:"欲文明其精神,先自野蛮其体魄;苟野蛮其体魄矣,则文明之精神随之。""体育之效,至于强筋骨,因而增知识,因而调感情，因而强意志"等观点。1922 年，李大钊在《五一纪念日于现在中国劳动界的意义》一文中指出，"人体的健全，全在身体和精神保持平均调剂的发展"。

著名体育教育家马约翰先生说过的"运动可以使感觉更敏锐，使意识得到发展，因而把性格的意识迁移到社会生活中，即在体育运动中产生的优秀品质同样可以表现在社会生活中，因此体育是产生优秀公民最有效、最适当和最有趣的方法。"

新中国成立后，几代领导人均对发展体育提出了重要论述，中国特色体育思想和学校体育课程体系逐步完善。

体育育人功能的具体体现

体育具有重要的育人功能，不仅可以育体、育德，还能育智、育心。育体是指体育锻炼可以提高身体素质、增强体质健康，提升运动技能；育德是指体育在培养一个人的道德情操中具有独特的作用，隐含着天然的德育；体育还能激发多感官协调发展，促进大脑发育，也就是发挥重要的育智功能；此外，运动让人释放压力，可以调节情绪，促进心理健康发展，能够育心。

学校教育一直重视发挥体育的育人功能。一个人从上小学到大学毕业 16 年中，只有体育课从未间断。无论大学还是中小学，体育都是必修课，每个学期都会安排。但是，受应试教育的影响，很多教育工作者未能充分认识到体育的育人价值，对体育的重视仅仅停留在口号或者材料中，而不是落实到每天的体育课程和体育运动中。

具体而言，体育的育人价值主要体现在以下四个方面。

体育可以强健体魄，为学生未来发展打下良好的生理和心理基础。一个人健康与否，既指身体素质好，还要心理健康。体育不仅能够强身健体，还能舒缓压力、改善情绪，改进人际关系。毛泽东同志曾发出"身体好、学习好、工作好"的号召，他把"身体好"放在第一位，是因为"身体好"是"学习好""工作好"

的前提和基础。这和大家常挂在嘴边的"身体是革命的本钱",讲的是同一个道理。生命在于运动,加强体育锻炼是保持身心健康的最好办法。

体育可以促进大脑发育,使人变得更加聪明。有研究发现,坚持运动可以明显增加脑神经纤维、树突、突触的数量,从而提高记忆力。学者们在经过多年的跟踪调查与大量研究后也发现,运动给孩子的身体提供了独一无二的刺激,这种刺激为大脑创造了一种环境,使大脑能更好地运作、学习。体育对于智力发育和身体机能的促进作用,在学生年龄越小时越重要,在不同年龄阶段有所不同,因此,在幼儿园和小学阶段,应开展如广播体操、韵律操、游泳、跳绳、球类运动等体育项目,锻炼提高身体柔韧性和协调性,以及速度、力量、耐力等,在中学阶段则主要是发现兴趣,学习相关运动技巧,并形成特长。

体育能够锻炼意志品质,培养良好的心态和习惯,提高耐挫折能力,锻炼坚韧不拔、顽强拼搏的精神品格。很多体育运动项目,比如跑步、游泳,需要持之以恒才能见到锻炼的成效,需要长期坚持方能让行为固化形成习惯,进而形成伴随终身的爱好特长。学生在坚持锻炼的过程中,能体会好习惯的养成之道;在参与竞技性体育运动中,不仅能学到相关的运动技能,更能培养顽强拼搏的精神,这些都可以迁移应用到生活和学习中。体育竞技比赛必然有输有赢,比赛结果既反映实力也会受到偶然因素的影响,在赛场氛围烘托和观众注视下,成功或失败的感受与体验都会更加强烈。多参与、多历练,有助于帮助学生树立正确的成败观,理性面对比赛结果,做到胜不骄败不馁,从失败中总结经验教训,提高挫折耐受力。

体育可以使人养成规则意识,培养团队合作能力,理性面对成败得失,学会处理学习生活中各种冲突矛盾。任何一项体育运动都有一定的规则,大家必须在规则下进行竞争与对抗。选手要尊重对手、尊重裁判、公平竞争、诚信友善,观众也应遵守相关观赛礼仪和规则。树立遵守规则意识,才能规范自己的行为,并懂得如何处理学习生活中遇到的各种矛盾和冲突。足球、篮球、排球等团体运动项目,对培养学生团队合作精神意识非常重要。我在和学生一起打篮球时,明显感觉到学生更爱"秀技",拿到球后喜欢单打独斗,总想自己投篮得分。而和成人打球,大家则更注重相互间的传接配合,把球交给处于最佳位置或投篮最准的人。参加这样的运动多了,学生就会慢慢体会到团队合作的重要性,思想观念由个人英雄主义向集体主义转变。

将体育价值贯穿学校教育的始终

体育有这么多的好处,如何发挥其育人价值是每位教育工作者要深思的重点。特别是校长,必须树立正确的教育观念,尽可能利用或者创造条件发展学校体育工作。

要系统、完整地认识到体育的育人价值。只有充分认识到体育的育人价值,学校在进行体育课程和活动设计时,才会有针对性地进行考虑和设计,而不是仅仅从时间和运动量来考量。体育的某些育人价值的实现需要以特定的体育项目为载体,学校应根据育人的需要尽可能全面地开展各项体育运动。

学校要配备足够丰富的体育设施,满足学生运动和锻炼的物质条件。体育的范畴非常广,有条件的话,应根据体育不同子学科的要求,完善相应的软硬件设施。当然,一所小学或中学自身的资源是有限的,学校应该解放思想,打开校门,充分整合利用社区体育资源乃至专业化体育资源,尽一切可能创造条件满足学生需求,让体育育人价值最大化。

学校要尽可能开设多样化的体育课程,营造良好的体育文化氛围,让学生人人有项目,在学校里时时处处可运动。学校应该下大力气支持学生组建各类体育社团,开展丰富多彩的体育活动,供学生自由选择,满足他们多样化的体育爱好和需求。清华大学及其附属中学、附属小学,都有着重视体育的优良传统,"无体育不清华"的理念代代传承,渗透到学校育人的全过程。

发挥体育的育人价值,还需科学的评价导向领航。科学的评价能够引导、激励学生积极参加校内外体育活动。但是，抽象的"育"很难测量，只能通过可测量的"体"来督促"育"的落实，因为"育"就蕴含在体育活动中。体育评价应该更多元，既关注过程，又关注结果，多采用增值性评价。既要看参加体育活动的频率和持久性，关注学生参与体育活动的情况和意志品质表现；还要看各类体育项目的测试结果，关注学生的体育运动技能水平和基本身体素质指标；更重要的是做纵向对比，看运动成绩的不断提高和身体素养的各种变化。需要注意的是不要以应试的思维方式进行体育评价，如果把体育搞成了"育分"，那就南辕北辙了，不必说育人了，可能连基本的育体功能都难以达到了。

学校体育发展还需要处理好"普及"与"提高"的关系。学校体育要面向全体学生，同时建立分层的、"体教融合"的培养体系和选拔机制，让有天赋的、高水平的体育人才能脱颖而出，有机会得到专业化的指导与训练，为培养高水平体育竞技人才贡献自己的力量。比如清华附中建立了体育三级培养体系，既有面向全体学生的普及型体育锻炼项目，也有满足不同学生兴趣特长的体育选修课程和社团，还有以培养高水平体育竞技人才为目标的"马约翰班"，不同兴趣爱好、不同潜力和水平的学生都能得到发展与提高。

建立有利于提升科学素养的课程与教学体系

在人才培养上,科学素养是综合素养不可或缺的一个重要方面,对于一个人一生的发展影响巨大。因此,中小学教育应该高度重视学生科学素养的培养。有人说,我们的中小学生,每天都在学习科学知识,但是是否具备相应的科学素养?答案是:未必。

什么是科学素养?

我国《全民科学素质行动计划纲要(2006—2010—2020年)》指出,"科学素质是公民素质的重要组成部分。公民具备基本科学素质一般指了解必要的科学技术知识,掌握基本的科学方法,树立科学思想,崇尚科学精神,并具有一定的应用它们处理实际问题、参与公共事务的能力。"在国际学生评价项目(PISA)中,科学素养的测试有科学基本观念、科学实践过程、科学场景三个方面,主要测试科学知识、科学研究的过程和科学对社会的作用。

总的来说,科学素养至少应该包括四部分内容:一是科学知识,这里说的不仅仅指专业知识，而是生活中涉及的科学常识。二是科学方法，即是否能掌握和应用一定的方法去分析问题，进行推理和探究，发现新知识。三是运用科学知识的能力，可以将已掌握的知识迁移，用于实践中。四是科学精神、科学态度和科学伦理，要有实事求是的科学态度和追求真理的科学精神、尊重科学伦理，利用科学知识为人类造福。

随着我国经济社会的发展，公民科学素养不断提升。2021年全民科学素质工作会议提到，《全民科学素质行动计划纲要（2006-2010-2020年）》颁布实施15年来，2020年公民具备科学素质比例达到10.56%，但仍然低于西方主要发达国家的水平。我国恢复高考已经40多年，中国高等教育已经从精英化阶段迈向大众化阶段，但全民科学素养提升的状况低于教育整体发展水平，原因之一可能是我们的教育方式存在问题。

长期以来，我们培养出的学生，具有较强的做题、解题能力，学科考试成绩好，却缺乏科学常识，综合运用科学知识解决问题的能力较弱，不会进行探究式学习。我认为，提升全民科学素养应该从教育改革入手。必须认真分析教育，特别是科学教育与科学素养之间的关系，必须对当前基础教育课程、教材和教学、评价进行相应的变革。

如何培养学生的科学素养

培养中小学生的科学素养，应该把握好以下四个方面。其一，要改变学科教育教、学、评的方式。学科教育特别是自然科学学科的知识学习是非常重要的，是培养学生科学素养的载体，但为何不少学生学科知识学得很好、考得很好但科学素养不高？原因就在于教师的教学方式、学生的学习方式，以及我们的考核评价方式有问题。在课堂上，大多数老师还是照本宣科地讲，学生记住了公式定理，知其然却不知其所以然；学生还是死记硬背、重复刷题式地学，遇到一些综合化、实际应用的问题却不知从何下手；考试评价还是传统的试卷作答，主要考查知识点的掌握情况。这样的教、学、评模式，培养出的学生的典型特点就是"高分低能"。

从有利于培养学生的科学素养出发，教师在教学中，应根据内容尽可能多地采取启发式、互动式教学，联系生活实际采取情境化教学方式，把前人总结、抽象出来的符号化的科学知识与生活实际结合起来，从而让学生感受到科学的力量，激发学习的兴趣；应引导学生尽可能多地采用探究式、合作式的学习方式，不仅要动脑，该动手时也要动手，提高科学探究能力，学会像科学家一样思考、做事；考试评价则要通过命题改革，突出综合能力、应用知识解决实际问题能力的考查，同时采取更加多元化的考试评价方式，突出过程性评价。

其二，应该开设跨学科的综合课程，培养学生的探究能力。单学科的知识是基础，但是光有学科知识是不够的，实践已经证明，跨学科的综合课程对于培养学生的科学素养是非常重要的。综合课程让学生综合运用所学知识解决一个具体的问题，完成一个具体的项目或是完成一个专题的研究，它要求学生综合运用各个学科的思想方法、理论概念和具体知识去解决某个具体的问题，这是对能力的更高层次的要求。与单学科学习已有知识不同，综合课程可以设计一个从未遇到过的问题，让学生去探索，用什么方法、要用到哪些知识、结果会怎么样，一切都是未知的，这个时候学生的创造性就容易被激发起来。现在很多学校积极探索的 STEAM 课程，就是综合课程的一种。

其三，要注重科学价值观的教育。除了科学知识，科学发展史、科学家精神等也是科学素养中不可或缺的内容。我们应该让学生通过学习，热爱科学、以科学家为人生楷模和学习榜样，树立实事求是的科学精神，同时要树立正确的科学价值观和科学伦理观。科学知识具有客观真理性，但是科学研究的动机以及科技成果的应用具有价值导向性，科学技术既可以造福人类，也可能危害人类。如何处理好科学发展与生态平衡、环境保护之间的关系，如何处理好科学研究与伦理道德之间的关系，如何处理好科学发展与经济社会发展之间的关系，等等，这些都是值得研究的问题。科学与人文不可截然分开，当前许多学校将"社会性科学议题"引入科学教育，就是一个很好的探索方向。

其四，要提高教师的科学素养。过去我们在教师招聘或进行教师培养时，比较注重其学科知识背景和教学技能，对于科学素养则忽视了。实际上，教师的科学素养高低，直接影响着他的教学理念和方式，进而影响学生的科学素养培育。学校在进行教师培训时，应该把通识性的科学知识作为培训内容之一，为教师补齐这方面的短板。

让学生在"动"中全面发展

最近高考招生录取工作正在进行之中,社会和家长对于学校、学生的考试成绩非常关注,这是人之常情。作为校长,我常常思考两个问题:一是如何把对考试成绩的追求和人的全面发展结合起来;二是我们该用什么样的方式去提高成绩?

很多人认为,要提高考试成绩,就得牺牲学生的休息时间和其他兴趣爱好进行强化训练,让学生每一分每一秒都用在学习上。实际上,很多学校也是这么做的。我不太认同这样的看法和做法。清华附中近年来的实践探索一定程度上证明了,追求考试成绩与全面发展并不矛盾,甚至可以做到两者相辅相成。要取得好的成绩,更应该探索符合教育教学规律和学生成才成长规律、高效轻负的方式方法。

在传统的应试教育模式下,通过下苦功夫进行强化训练,也许可以让学生攀上高峰,但是其弊端也是非常明显的,当需要用创新的办法来解决问题时,靠强化训练取得高分的学生往往束手无策。由此可见,培养学生的能力,教给他们综合运用知识解决问题的方法,比记住知识本身更重要。特别是随着高考的命题向"素养立意"转变,更注重考查学生独立思考能力、分析问题和解决问题的能力,创造性思维的重要性更加凸显,单纯靠死记硬背和强化训练已经越来越难以适应考试评价方式的变革。

这几年清华附中学生的学业成绩比较突出，实际上是学生全面发展、综合素质和能力提升在学业方面水到渠成的反映。我常跟教师们讲，要努力把书教活，让学生越学越聪明，要做到这一点，秘诀就在一个"动"字。

让学生自主自觉地"动"起来

学生的"动"，有"主动"与"被动"之分。我坚决反对学生"被动"学习，只有让学生自主、自觉地"动"起来，学习才会真正发生。

一要让学生"心动"，即达到情感上的认同。以清华附中坚持了多年的学生支教活动为例，当学生们看到还有那么多孩子生活在那么贫困的地方，他们吃了上顿没下顿，教学的软硬件条件如此之差，却还如此求知若渴，两相对比，感觉自己简直就是生活在蜜罐里，还有什么理由不努力学习呢？还有什么理由浪费粮食呢？心灵的触动激发了他们学习的动力，让他们养成了勤俭节约的好习惯。如今，每年清华附中的学生们都要给大凉山的孩子们捐助衣服、鞋子、体育用品、文化用品等。

二要让学生"脑动"，也就是充分尊重学生个性，激发学生的创造性思维。在学校里，我们放心大胆地让学生们去折腾，让他们干自己喜欢的事儿，在这个过程中，学生自己思考和解决遇到的各种问题。比如，清华附中有一批孩子喜欢养虫子，我们就提供一个房子让学生养虫子。怎么养好这些虫子？这里面有很多学问。假期里谁照顾这些虫子？毕业了把虫子交给谁？问题接踵而来，大家就一起研究，探讨解决方案。

三要让学生"行动"，即要付诸实践、知行合一。"行胜于言"是清华大学的校风，"最高阶的学习方式是行动"。知识可以传授，而能力和素养则需要在实践中习得。作为学校，应该为学生的行动提供机会、搭建平台，让学生在安全、舒适、自由、放松的环境下自由探索。比如清华附中建有"高研实验室",对某些科技课题有兴趣的学生,可以在教师的指导下尽情"折腾",不以成败论英雄,我最看重的是学生无数次失败之后的点滴进步。在研究过程中,学生会遇到许多挫折,如何克服,如何向别人请教,如何向书本学习,这样的探索过程最重要,可能某个学生一年下来都没折腾出个结果,但不要认为他一无所获,相反他的收获非常大,他学会了思考问题,学会了研究问题,学会了面对一次次失败而不放弃。

清华附中有个"紫荆文房",学生们自己创作了许多文创产品,他们想在学校里找个地方售卖。学生们找到我,说要开商店没有地方,我们就专门给学生们盖了一间小房子,让他们自己经营。他们搞入股、组织招聘"员工",经营得像模像样。

通过多种方式"动"起来

让学生"动"起来的方式很多,主要是通过劳动、运动和活动。

劳动,就是要让学生认识到,凡事必须经过努力付出才能有所收获。比如清华附中永丰学校,利用校园中的半亩棉田,将棉花的种植、培苗、收割、使用等贯穿在一起,形成了系统完整的课程。孩子们记录、描绘棉花成长全过程,在劳动、生产、观察、鉴赏中体验传统农耕文化的魅力,在历经四季寒暑的学习、探索中受到自然与人文有机结合的共生教育。他们还体验了纺线、染线、织布、文创制作的全过程。在这个庞大的课程体系中,除了各种纺织类的操作课程,各种和耕织文化相关的知识也会纳入课程研发序列中。开展劳动教育,树立正确的劳动价值观比掌握劳动技能更重要。

运动,就是指体育运动。"无体育,不清华",清华附中很好地传承并发展了清华的体育精神。体育运动不仅能强身健体,还能使人智慧。学生在体育运动中,既锻炼了意志品质,又能做到劳逸结合。

活动，就是学校通过组织各种有意义的活动，让学生在参与过程中锻炼意志品质，增长智慧。比如清华附中每一届高二升高三的学生，都要在暑假徒步穿越沙漠，每次由校长亲自带队。出发前，有的学生跃跃欲试，有的学生打退堂鼓，试图请假不去，学校会严格审核每一张请假条，身体状况允许的，都必须参加。刚开始面对茫茫沙漠时，大多数学生都很兴奋，但是在走了几个小时、周围的景色仍然不变、仿佛天地间茫然没有尽头时，很多学生都认为自己走不出去了。但是，当他们在同学和老师的鼓舞下，坚持不懈终于走出沙漠的时候，他们对人生路上遇到的各种坎坷和挫折，都有了新的认识。

还有清华附中的"寒门英才计划"，一方面帮助了贫困地区的孩子，另一方面也触动了附中学生的心灵；清华附中的考古研学活动，让学生们亲身感受，走进历史；"学生节"让学生尽情展示自己的才艺，校园电影制作、校园歌手大赛、书画作品拍卖、创意商品售卖等等，学生们五花八门的才艺都在这一天绽放。还有"一二·九"革命短剧展演、高三成人礼等，全都是以学生为主组织实施的。学生的组织能力、策划能力、书面和口头表达能力等，就在参与丰富多彩的活动中得到了发展。

刚开始举办各种活动时，许多家长、学生和教师持反对态度，认为这是在浪费时间，看不出这与学校的发展目标、学生的成长及学业成绩的提升有什么关系。教育是需要过程的，不会立竿见影。校长要有战略眼光，要比家长和教师看得更远一些。校长还要有定力，认准方向后就不忘初心，顶住各种压力和质疑走下去。

让学生"动"起来，还要发挥校长和教师的"带动"作用。校长带动教师，教师在日常的教育教学活动中带动学生，特别是班主任，应多给学生创造机会、提供平台，学生"动"起来就会变得更加自觉，内驱力就会被激发出来。

如何改革发展拔尖人才培养体系

教育承载的是国家的希望，民族的未来。习近平总书记明确指出："要深化教育体制改革，健全立德树人落实机制，扭转不科学的教育评价导向，坚决克服唯分数、唯升学、唯文凭、唯论文、唯帽子的顽瘴痼疾，从根本上解决教育评价指挥棒问题。要深化办学体制和教育管理改革，充分激发教育事业发展的生机活力"。

拔尖创新人才的选拔和培养是否成功，意味着我国是否具有充足的核心竞争力，意味着我们是否可以跟上世界科技发展的新步伐，意味着是否可以实现由"中国制造"到"中国创造"的转变。

建设创新型国家需要大批拔尖创新人才，如何系统地培养拔尖创新人才是各个国家都非常重视的领域，特别是在基础教育阶段早期就对某些具有特殊潜能的超常儿童进行科学的鉴别与培养，具有重要的战略意义。随着我国经济、社会等各方面的不断高速发展，国际竞争日益激烈，对人才资源的需求在数量上不断增加，在质量上也提出了更高的要求。因此，不断深化办学体制和人才培养模式改革是时代的迫切需求。

拔尖创新人才培养的中国探索

以 1978 年 3 月 8 日宣布正式设立的"科大少年班"为标志，中国进入了以资优教育为代表的拔尖创新人才培养发展的新时代。科大少年班以"破格选拔，因材施教"为核心教育理念，旨在培养具有创新性和较高科学素养的拔尖人才。20 世纪 80 年代开始，我国各地纷纷进行了特殊精英教育实验班的尝试，分为横纵两个方向：横向的拓展表现在继中国科技大学之后，在北京大学、清华大学、吉林大学、南京大学、南京工学院（现东南大学）、浙江大学、西安交通大学等 12 所重点高等院校开办少年班试点，扩大大学少年班的培养规模。纵向的推广则表现为大学少年班的经验向中小学教育阶段推广。如小学阶段的有天津实验小学、北京育民小学及北京育才学校等，初高中阶段的有北京八中、人大附中以及新乡一中、深圳中学、南昌十中、西安一中、江苏天一中学等，在人才培养方面都取得了不同层次和级别的成功及经验教训。

回顾过去的发展历史，我们对拔尖创新人才的培养，走过了从 1978 年的大学少年班到 1985 年大中联合的少年班预备班，再到 1994 年至 2004 年前后的全国理科实验班，继而到 2008 年的北京"翱翔计划"、上海的"上海市普通高中学生创新素养培育实验项目"、2010 年陕西省的"春笋计划"、天津的"朝阳计划"等不同的阶段，整体的培养方式也从单一的加速制逐步走向丰富培养的不同模式的阶段。

拔尖创新人才培养的北京实践

北京作为全国教育和科研的高地，拥有大量优质教育资源和强大的科研力量，贯穿基础教育和高等教育，代表着我国教育及科研领域的最高水平，不仅为国家和社会培养了大量的优秀人才，同时在教育战略、理论、技术、方法上也开展了大量的研究、创新和实践。北京市在基础教育阶段的拔尖人才培养方面也进行了大量的探索。

1985年，经北京市教育局批准，北京八中和中国科学院心理研究所、北京市教育科学研究所合作，创办了北京八中超常教育实验班(简称"少儿班")。据该校官网数据显示，自少儿班成立以来，北京八中培养了一批身体健康、成绩优异、综合素质高的优秀人才，少儿班学生共参加了国内、国际各类竞赛299项，学生共有1042人次获奖(统计到2019年，不完全统计)，成绩斐然。同时，经过多年的超常教育探索，在鉴定选拔、安置及培养模式、课程创新、评价方式、学校管理以及师资培养等方面累计了许多宝贵的经验。

同样，1985年初，中国人民大学附属中学在海淀区举办首届"幼苗杯"数学邀请赛，由此成立了第一届数学实验班，并在此后尝试了初高中四年制、"华罗庚数学学校"初中两年+高中三年的五年制到最后回归六年制等不同形式的培养模式。在2010年4月，经教育部、北京市教委批准，人大附中与中国科学院、中国社会科学院合作成立了"拔尖创新人才早期培养基地"，该基地将每年在北京市的小学五年级学生中选拔招生。2010年8月，"拔尖创新人才早期培养实验班"("早培班")迎来首批80名学生。

除了上述传统教育体系的教育组织外，北京市也推出了如"翱翔计划"等系列拔尖创新人才培养计划。该计划主要涉及高中学段，意在培育现代化发展急需的创新型人才，是国内首个创新人才培养的地方性政策。该计划涉及数学、物理、化学、生物、信息技术、地理、人文社会科学等7个学科领域，由多所高校、科研院所、区县教委、示范高中校共同参与。主要目的是让学生体会科学研究的过程，观摩科学家的工作，让学生得到科学熏陶，培养科研兴趣，并最终立志投身于科研事业。该计划以学生的兴趣为主导，并不与高考成绩直接挂钩。到2018年，"翱翔计划"已培养了2652名学员，带动800余名学生自主跟进，形成了学生探究作品集《我们在科学家身边成长》《我看高中课程改革——来自北京市高中学生的体验》等一系列成果。

基础教育阶段拔尖人才培养的国际经验

面对飞速发展的科学技术、纷繁复杂的国际环境和日益激烈的国际竞争，许多国家纷纷意识到，如果想要在科技、经济等各个领域保持领先，立于不败之地，必须着重培养顶级人才，尤其是高端科研人才，而各大科技领域的研究和发展是以强大的人才基础及其智力为基础保障的。从世界科技创新领先国家的实践来看，美国、英国、德国、俄罗斯、新西兰、法国、韩国、日本等各个国家（地区）在过去的近100年间通过立法、颁布政策、推出鼓励计划等各种手段与各种方法促进拔尖人才培养。他们已基本建立起各具特色的适合自己情况的全国范围的特殊精英教育政策体系，美国（资优生计划GATE，Gifted And Talented Education）、英国（全国资优与才能青少年学会NAGTY，National Academy for Giftedand Talent Youth）等基本都建立了各自独特的拔尖创新人才的培养机制和体系，并取得了明显可见的良好效果。

以下几个地区和国家的情况比较有代表性：

北美

美国从冷战期间开始立法保障拔尖人才培养计划的标准、预算和执行，从1950年开始，陆续出台了近30部相关法案或修正案，并从联邦和州政府等不同层面都有相应的机构、预算保障。充分发挥民间机构的力量，协同政府、大学及科研机构、大型公司等进行拔尖人才的发现和培养。全国设立了6大资优人才教育研究中心和4个人才搜索中心。每年通过大量的培养计划和项目为数十万拔尖人才提供不同层面的服务。

加拿大也非常重视拔尖人才的选拔和培养，渥太华是相关教育中发展最为突出的地区，早在1979年就通过了《渥太华英才教育法案》，不仅对于发掘、选拔、教育的过程有详细的规定，而且还出台了天才儿童特殊教育的学校名单，为拔尖人才培养提供平台和充足的发展动力。

欧洲

德国从 20 世纪 80 年代开始高度重视在大学和中小学开展拔尖人才教育，不仅在国家层面设置了专门的机构指导负责拔尖人才的发掘和培养，而且在各个中小学也有相应的条例保障。

俄罗斯联邦政府于 2002 年下达"俄罗斯英才教育"专项政策，以法律形式体现对拔尖人才的重视，每年投入专项经费用于实施拔尖人才的基础教育段的培养。

亚洲

韩国政府于 1999 年发布了《天才儿童教育法例》，为拔尖人才早期教育阶段提供法律保障，而后在 2000 年发布了《天才儿童实施计划》并在 2003 年专门又进行了修订和补充，确保韩国在拔尖人才培养方面不落后于国际社会。

日本在拔尖人才早期教育方面的发展较为曲折，但近年来采用"超级科学高中"项目重点培育科技类学科的拔尖人才。他们认识到顶级科研人才的培养不是一蹴而就的，从高校才开始培养为时过晚，必须从小培养、尽早培养，且培养的理念需要小学、中学、高校一贯制、一体化，所以，日本的英才教育模式非常重视"小中高一贯教育"，尽量避免在高端人才培养过程中出现断层。截至 2015 年，为了进一步加强国际化高端人才培养，日本文部科学省在原有特色高中的基础上又新规划了 56 所"超级全球高中 (Super Global High School，SGH)"，其中包括 7 所国立高中、31 所公立高中、18 所私立高中。日本此举旨在建成与大学、企业、国际组织等相联系的全球领导人物培养体系。

如何推进我国拔尖创新人才培养改革

伴随着我国经济的腾飞以及教育改革的不断深入，教育发展的任务由普及逐步转向谋求质量提升，强调以学生为本，这为实施资优教育提供了可行性。在高等教育阶段，教育部、中组部、财政部于2009年联合启动了基础学科拔尖学生培养实验计划，即"珠峰计划"。该计划率先在数学、物理、化学、生物、计算机5个基础学科试行，动态选拔拔尖学生，为其配备一流师资和学习资源，提供专项经费保障，旨在培养未来基础科学领域的领军人物。截至2010年10月，全国17所部属高校参与实施此计划。例如，北京大学成立的"元培学院"、清华大学的"清华学堂人才培养计划"、复旦大学的"望道计划"等。在中学教育阶段，北京、上海等地纷纷开展了科技创新人才早期培养实验，进而使得中学资优教育的发展获得了新内涵。

拔尖人才培养的发展以服从国家利益需求为主要动因。无论国内还是国外，资优教育的每一次兴起都是以国家的建设发展对人才极度需求为背景的，但在发展过程中又会由于部分民众对于资优教育的狭隘理解导致无法以平和心态待之。同时由于我国缺乏必要的研究准备，对于资优教育的研究滞后，使得我们有些基层学校在并不了解资优教育的情况下，急于落地实践，在基础理论、师资、基本条件都不完备的情况下强行嫁接，出现了重智力、轻素质的倾向以及过程中的种种不规范的变味现象。

建设创新型国家需要大批拔尖创新人才，但是从现实看，我们对拔尖创新人才的需求还停留在呼唤和渴望上，缺乏对拔尖创新人才培养的足够重视，缺乏对拔尖创新人才培养的系统研究，甚至不敢正视拔尖创新人才培养过程中存在的问题，不敢面对失败。在最需要拔尖创新人才的时代，我们却没有建立起自己完善的拔尖创新人才体系。

我们迫切需要在以下三个方面进行改革。

第一，加强拔尖人才培养的研究和经验总结

以"人大附中早培""北京八中"为关键词在中国期刊数据库中文核心期刊中进行搜索，结果显示自1980年至今此数据库的中文核心期刊真正有效的成果性论文不足百篇，系统性的科学研究和经验总结较为滞后，不利于进一步深化教育培养改革和发展拔尖人才培养事业。因此建议尽快成立由政府、科研机构及基础教育机构的管理者等组成的学术机构，对前期数十年的选拔、培养、结果等进行深入的研究和经验总结。

要结合国内国外的人才培养方法论和基础研究的实践，系统性地收集过程性培养数据，量化地、长期地跟踪培养结果，结合心理学、认知科学、脑科学、人工智能等新型学科的发展，将过去经验化、感觉化的培养过程系统化，从评价、选拔、培育、师资、管理政策等多个方面立体地形成我们自己的科学的拔尖人才培养方法论。

第二，在经验总结基础上深化人才培养改革

一是要统一发掘，科学鉴别。拔尖人才培养的核心是入口。深入地、创新地、立体地开展教育评价改革，是北京作为首善之都当仁不让的选择，更是落实《深化新时代教育评价改革总体方案》要求的"破五唯"、实施"四个评价"的有效举措。应参考前期北京市拔尖人才早期培养过程中选拔优秀人才的有效经验，结合国际先进的评价、测量的科学手段，在北京市范围内统一进行选拔，而不是"偷偷摸摸"搞"私域"考试。

二是要加大入口，多元培养。北京不仅有大量优质的教育资源，而且聚集着大量优秀的生源。人民满意的教育，不是仅靠一两所学校就能办得好的。在总结前期拔尖人才培养的经验基础上进一步扩大基础段拔尖人才培养的学校范围，在东城、西城以及海淀区选择部分有条件、有想法、有实力的中学设立特色学校，尊重各个学校的实际情况和发展经验基础上，统一基础性的培养方案，同时在科学、艺术等不同方向上提供不同特色的培养方案，实现学生与学校的双向选择。

三是要集中优势，发展师资。良好的师资队伍是拔尖人才培养工作的重要保障。负责拔尖人才培养的教师应有创造精神，有科学而正确的教育观，有良好的心理素质和对学生进行心理健康教育的知识和能力，专业基础深厚，具备因材施教和科研的能力，了解拔尖人才培养领域的最新进展。

北京具有天然的人才优势和培养优势，需要尽快建立一套科学的考、评、培的办法，建立专门的拔尖人才培养的教师培训体系，注重专业知识拓展和教育实践能力，使他们能够成为学生的赋能者，帮助学生成为独立的学习者，能够自我评价，不断设定并追求符合国家未来发展利益的长远目标。

同时，还需要联合有实力的大学和科研机构，提供拔尖人才培养相关的硕士或博士教育方向的学习机会，持续供应优秀的师资和人才储备。

第三，推动有质量的教育公平

陶行知先生说："人像树木一样，要使他们尽量长上去，不能勉强都长得一样高，应当是：立脚点上求平等，于出头处谋自由"。拔尖人才培养的目的在于选拔出优秀的人才并为其提供适合的教育，促进其尽可能的发展。

真正的教育公平应该是为每个学生提供适合其学习需求与发展的教育，即"差异性"的教育公平。UNESCO 指出："给每一个人平等的机会，并不是指名义上的平等，即对每一个人一视同仁……机会平等是要肯定每一个人都能受到适当的教育，而且这种教育的进度和方法是适合个人特点的。"学者康德尔（IssacKandel）指出，"提供平等的教育机会，意味着必须考虑学生能力和倾向的差异，应该提供不同的课程以适应这些差异。"这些观点都反映了"差异性"的教育公平理念。

教育公平与教育卓越本质上并不存在绝对的对立，而是对立和统一的关系。教育公平主要涉及人人受教育权利和机会的平等，由于个体具有差异性，真正的教育公平应该是为每个学习者提供适合其能力发展的、差异化的教育。而教育卓越指向个体更高的成就并推动社会不断前进。公平旨在保证所有学生都有在社会上获得成功的机会；卓越则意指确保教育系统能够培养出足够多的优秀学生，以维持社会的正常运转，推动国家的繁荣发展。教育公平不应该对立于个体学习者在适合自己的能力水平、领域或兴趣方面追求卓越的机会。资优教育既关乎公平，也关乎卓越，是公平和卓越的双重体现，目标是实现"有质量的公平"。

唯有如此，以资优教育为代表的拔尖人才培养的实施才不至于断断续续、遮遮掩掩，作为个别学校和个人的私有领域。我们要有花费二三十年的时间、付出两到三代人努力的决心，真正做到办好人民满意的教育，为党、为国家培养优秀的拔尖人才，为实现中华民族的伟大复兴而努力。

注重能力培养，重塑评价体系

教育只关注分数是远远不够的。我们要重视教育，尤其是要关注升学，因为没有分数学生就不能进入理想的学校，但是只有分数是远远不够的。只有分数容易导致我们的教育系统、社会教育观念发生偏差。

改变如今出现的人才培养被动局面，最关键的问题就是要改变教育的评价体系，不要让分数成为唯一的衡量标准。我坚信，仅仅看分数来选人评人是不太科学合理的，我们可以用一种科学的方式来弥补这种教育，将学生的培养和教学过程中带来的一些负面影响尽可能降到最低。但我们不能把教育建立在学校、教师、家长的情怀上，必须用制度和方法来引导。所以，评价体系需要改革。评价就像一个指挥棒，指到哪里教育就走到哪里，指向什么能力，我们就发展什么能力。

我不是说不要分数，分数永远要，没有分数我们就不知道学生到底学得怎么样。但我们不能把分数作为评价学习效果、评价一个人是不是有能力、有才干、有才华的唯一标准。

记得有一次采访，一位记者问我到清华附中之后主要采取了哪些措施，让学生的学习成绩提高这么快。我说就采取了三项措施：第一项措施是抓体育；第二项措施是抓科技；第三项措施是抓艺术——为什么没有"抓成绩"？许多人认为这不可能，是我藏着什么绝活舍不得说，留着自己用。

但在我看来，因为所有的教师、家长包括整个社会氛围都把学生往成绩、分数、考试那个方向赶，如果我也加入这个队伍，那学生真的就只能往一个狭窄的方向发展，做不到全面发展。所以必须有一个人朝另一个方向拉，这样才能平衡。就拿高考来说，在清华附中分数最高的一群人，不是一天到晚只知道学习的人，而是一天到晚在科技实验室里泡项目，跟教师一起研究学习的人。这些学生看似在学习上花的时间少了，但是他们学习有动力、有兴趣，解决问题的能力强了，知识真正学懂了，才能够用来解决问题，只背一些概念是不行的。

我知道人有时候是可以走捷径的，但是走完捷径之后，其实已经错过了欣赏风景的机会。

教育就是这样，有些漫长的过程其实是在培养学生的能力。

所以，重塑教育评价系统是教育改革的关键，这是最急迫的问题。评价是撬动中国教育朝着正确方向走的一个支点。这也是最近中共中央、国务院印发《深化新时代教育评价改革总体方案》的原因。

美国在培养创新人才方面的做法值得我们借鉴。美国大学选高中生要考虑许多因素，比如学习成绩、所有科目的成绩、大学选修课程的成绩，托福考试的成绩，平时的各种项目、个人自述、推荐信等一大堆。现在他们还运用信息化手段，把学生的成长过程全部记录下来，关注多种能力的发展，比如分析和创造性思维、复杂沟通——口头及书面表达能力等。

当然，我们的理念跟美国不一样，美国侧重能力，我们通过行为过程培养能力。10年前，清华附中已经意识到评价的重要性，提出建立综合素质评价体系。我们提出，学生的综合素质可以通过学校教育来发展，通过学生行为来体现，通过行为记录、过程累计和发展变化所形成的大数据来评价。学生综合素质评价办法要记录学生的"高影响力活动"，要有真实性、客观性的保证，要基于大数据评价模型建立。我们要利用大数据，把学生全面发展的数据记录下来，通过数据发现他的潜力、兴趣和特长，发现他发展中存在的问题，再规划出适合他学习的专业方向，由此加强过程性评价、发展性评价。

思想品德、学业水平、身心健康、艺术素养、社会实践都是我们综合评价体系关注的能力，其中思想品德包括社会公益及志愿服务、班级值日、课程班值日、文明礼仪、集会表现、党团活动等很多项目。这些都是学生要发展的能力，相信这些能力培养起来之后，学生的分数绝对不会低。我想，真正决定他们未来能走多高、走多远的不是那个分数，而是那些能力。

走向未来是能力为王，不是训练为王。

改革评价，我们不仅要用分数评人，更要关注能力。未来，我们还要建立多维度、多元性、过程性、发展性的评价体系。只有这样，我们才能让学生快乐健康地全面成长，才能让拔尖创新人才辈出。

家长如何帮助孩子平稳度过青春期

现代人接受教育的过程基本上是从家庭教育开始，然后系统地接受学校教育，最后是浸润式地接受社会教育。所以，家庭教育对于一个人的人格发展有着重要的不可替代的影响。

中国的家庭教育经历了从三缺（缺席、缺位、缺失）到三补（补课、补位、补充）的发展历程，2022年1月1日，《中华人民共和国家庭教育促进法》正式施行，为家庭教育的发展指引了方向，提供了基本规范。家校关系也开始步入"共建、共治、共享"的时代。可以预见的是，家校关系将成为学校教育的重大课题，家校生态甚至可能成为决定一所学校发展高度的天花板。建立家校协同育人体系，通过多种方式实施家校共育，将家长教育作为助力提升学校教学质量的重要环节，将成为每一所学校的必经之路。

初中阶段的孩子正值青春期。青春期是由儿童逐渐发育成为成年人的过渡时期。在此阶段，孩子的生理和心理都会发生巨大的变化。他们会由不太懂事的孩子变成一个有独立意识的青年。帮助他们度过这一重要的转型期，是此阶段家庭教育的主要任务。

青春期阶段的孩子自我意识越来越强。他们开始尝试去弄懂我是谁、我喜欢什么、这个世界是怎样的、我和这个世界有何不同，并在探索自我和探索外界的过程中，形成自我概念和个体的性格。他们会表现出一些标新立异的言行，会刻意违抗父母或老师的意志，以此来体现自己的独立。

家长如何与青春期孩子沟通呢？

首先，家长要转变观念。很多家长认为青春期是孩子最难管教的阶段，但正是由于这些"叛逆"才会带来孩子真生的成长。家长应尽量包容孩子的叛逆，将"叛逆"作为孩子长大成人的一个标志，同时，父母要改变用"对错""好坏"的二元价值观去评价和指导孩子的观念和做法。家长要从管教者转变为支持者，在条件允许的情况下让孩子自主做决定。

其次，家长要改变行为。青春叛逆期的孩子会产生外界尊重自己、平等对待自己、被他人认可的强烈需要。家长要尊重孩子意愿，给孩子自我成长的空间。不要期待孩子能够完全听从自己的话、不走弯路；家长要给孩子自我探索的空间，有些弯路必须走，有些错误必须犯，他们自己摔倒了，才会真正成长；家长要创造机会，让他们体验到靠个人意志获得成功的成就感。

再次，家长要与孩子建立亲密关系。好的亲子关系应该符合这几个特点：良好的沟通、充分的理解、基本的尊重、自由的空间。亲子关系好，孩子才更愿意接受父母的意见。父母要注意和孩子的沟通方式，少拒绝、少命令、多接纳、多建议。父母如果经常否定孩子的意见，或者对孩子给出否定的评价，孩子对自身价值的评价就会越来越低，很难在青春期完成自我认同。现在可能是以冲突的形式表现出来，将来可能会失去成长的动力，很难有信心去面对生活的变化。

青春期的冲动和敏感让孩子变得爱质疑和争辩，家长要认识到这是青春期孩子的思维和情绪特点，不要因此而过分批评孩子；要形成民主的家庭沟通氛围，平等、有耐心地对话，让孩子感受到尊重。

最后，要组建家校社协同育人共同体，帮助孩子顺利度过人生重要转折期。青春期孩子在成长过程中，不可避免地伴随着或多或少的师生沟通障碍和亲子交流冲突。父母要读懂孩子，了解儿童成长的特点，理解成长过程中师生和亲子冲突的原因，掌握沟通和情绪调控的策略和方法，运用理性解决问题。

家校如何携手走出家庭教育的误区

2021年10月23日，全国人大常委会会议表决通过了《中华人民共和国家庭教育促进法》(以下简称《家庭教育促进法》)，这是我国首次就家庭教育专门立法，家庭教育终于"有法可依"了。

《家庭教育促进法》的出台，在我看来，其重要意义主要体现在两个方面：一是让全社会，尤其是为人父母者意识到这个问题的重要性，引导家长树立正确的家庭教育观念，明确身为家长的责任。正如《家庭教育促进法》第十四条规定的："父母或者其他监护人应当树立家庭是第一个课堂、家长是第一任老师的责任意识，承担对未成年人实施家庭教育的主体责任，用正确思想、方法和行为教育未成年人养成良好思想、品行和习惯。"二是厘清家庭、学校、社会相关机构等各主体的责任边界，各自做好各自的事情。《家庭教育促进法》第四条明确规定："未成年人的父母或者其他监护人负责实施家庭教育。国家和社会为家庭教育提供指导、支持和服务。"《家庭教育促进法》的一些具体条款，对于正确处理家校关系、形成育人合力起到了很好的指引作用。

家庭教育常见的四大误区

《家庭教育促进法》的出台，有着很强的现实针对性。可以说，正是现实生活中家庭教育存在的种种问题，引发了社会的强烈呼吁，促成了这样一部法律的出台。

常见的家庭教育误区，大致可以归纳为以下四类：

误区一：家长不能正确看待孩子。

每个孩子，在智力因素与非智力因素方面生而具有差异，但是有些家长不愿承认这一点，"望子成龙、望女成凤"，不能客观评价自己的孩子和理性地确定发展目标，总以"别人家的孩子"为标杆，凡事都想争第一，却忽视了自己孩子付出的努力和取得的进步。总认为"某某能考上某某大学，你只要努力也能考上"，等等。有的家长把这样的话挂在嘴边，每天不念叨三五遍不罢休，结果是导致孩子心理压力大，家庭关系也不和谐。还有些家长，不能平等对待孩子，把孩子看成是自己的"私有财产"，认为"我的孩子，我想怎么教育就怎么教育"，甚至把孩子当作实现自己未曾实现的理想的工具。

误区二：家庭教育的方式方法不对。

"家庭是第一个课堂、家长是第一任老师"，和学校教育一样，在家庭这个"课堂"中也要讲究方式方法。在这个生活化的"课堂"中，父母与孩子朝夕相处，一言一行都对孩子有着潜移默化的影响，最好的教育方式就是以身示范，身教重于言教，要求孩子做到的家长自己要先做到，但现实中很多家长做不到这一点。比如，有的家长教育孩子过马路要"红灯停绿灯行"，但是自己却经常闯红灯；有的家长教育孩子要垃圾分类，但自己却需要孩子提醒才能做到；有的家长希望孩子多阅读，自己在家里却从来不看书。这些家长的所作所为，在孩子眼里恰恰成了反面教材。

在孩子的教育问题上，许多家长做不到宽严相济。一种极端情况是管教过严，孩子没有任何自由空间，从学习到生活，所有事情家长都给安排好了，孩子犹如"提线木偶"；另一种极端情况则是"放养式"，有的家长以"工作太忙"为借口，把孩子交给老人带，自己很少陪伴孩子，也很少和老师沟通，有的家长甚至连孩子在哪个班都不知道，好不容易来学校开家长会，却找不到孩子上课的教室。这两种家庭教育的态度和方式，都不利于孩子的健康成长。

误区三：只注重学习成绩，不关注孩子全面成长。

许多家长只重视智育而忽视其他四育，只关心孩子的学科学习和考试成绩，孩子考试考得不好、成绩下滑就着急上火，但对于孩子的品格教育、行为习惯、生活技能以及身体健康、心理健康状况等不重视，出现问题才开始亡羊补牢。在"双减"政策下，更是看到孩子回家作业少而焦虑不已，却没有考虑到如何充分利用课余时间帮助孩子全面成长。

误区四：不会处理家校关系，无法实现"协同育人"。

一些家长不会处理家庭教育和学校教育的关系，分不清二者的边界，把一切都推给学校，孩子成长过程中出了啥问题都责怪学校，而不反思自己的责任。还有一些家长不尊重学校教育的专业性，认为在教育的问题上自己也是行家，对学校教育不信任，对于学校的课程改革、教学安排或育人活动横加干涉。一些家长缺乏家校沟通意识，或者沟通的方式方法有问题，导致家校之间发生矛盾，同学之间、家长之间发生矛盾，甚至引发负面舆情，家校之间无法形成协同育人的合力。

家长应如何学习和落实《家庭教育促进法》？

据了解，在2021年1月初次审议时，这部法律草案原名为《家庭教育法》，在2021年8月2次审议时听取专家意见改为《家庭教育促进法》。为何加了"促进"二字？因为制定这部法律旨在引导父母或者其他监护人依法履行家庭教育职责，在全社会形成重视家庭教育、促进未成年人全面发展健康成长的氛围，内容主要是倡导性、指导性的。

《家庭教育促进法》明确指出了良好的家庭环境对于青少年健康成长的重要意义。该法第十五条规定：未成年人的父母或者其他监护人及其他家庭成员应当注重家庭建设，培育积极健康的家庭文化，树立和传承优良家风，弘扬中华民族家庭美德，共同构建文明、和睦的家庭关系，为未成年人健康成长营造良好的家庭环境。

哪些方面属于家庭教育的范畴，或者说家庭教育主要应围绕哪些方面展开？对此，《家庭教育促进法》第十六条针对不同年龄段未成年人身心发展特点，作出了6个方面的内容指引，包括进行爱国主义教育、培养道德品质与法治意识、树立正确的成长观、培养良好习惯、促进身心健康发展、开展劳动教育等。不难看出，《家庭教育促进法》规定的这6个方面的内容，与国家德智体美劳全面发展的育人目标完全是同向同行的。

《家庭教育促进法》第十七条还指出了开展家庭教育的9种方式方法，第十八至二十二条明确规定了家庭要切实担负起教育的职责。

不难看出，《家庭教育促进法》的内容虽然多属倡导性、指导性的，但具有很强的针对性和可操作性，从思想观念到范围界定，再到具体的方式方法，家庭教育提供了基本遵循和细致而明确的指引。家庭是永不关闭的课堂，家长是永不下岗的老师。作为家长，应该把家庭教育促进法作为"必修课程"，认真学习，并将其落实到日常生活和家庭教育的过程中。社会相关机构，可以建立类似"学分银行"的监督与考评机制，引导家长认真学习和落实家庭教育促进法。

教育是"教"和"育"的结合，教师的职责是传道授业解惑，而家长却是影响孩子一生的人。家长才是孩子教育的第一责任人。家长一方面要尊重孩子的独立自主性，给他们充分的成长空间；另一方面也要尽到为人父母的责任，不能对孩子放任自流，或者把教育孩子的责任完全推给学校。

我认为，在家庭教育中，家长最应该着力去做的事情就是培养孩子养成良好的习惯。

首先，要培养孩子养成爱阅读的好习惯。古人云：读万卷书，行万里路。对于孩子来说，阅读是一种丰富知识以及巩固学习成果的有效手段。阅读不仅能增长知识拓宽视野，而且能增强人的理解能力、表达能力和思维能力。良好的阅读习惯是能让孩子受用一生的财富。

其次，要培养孩子养成爱运动的习惯。坚持运动不仅能让孩子身体强壮，培养团队合作意识、规则意识等，还能塑造坚毅品格、培养耐受挫折的能力，是其他学科学习和活动不能替代的。家长最好能引导孩子练就一两项伴随终身的体育运动特长。如果父母在运动方面有某种特长或优势，更应该发挥对孩子潜移默化的影响，多和孩子一起运动，这对培养孩子对体育的兴趣非常有用。

再其次，要培养孩子养成终身学习的习惯。想让孩子从小好好学习，不用父母操心，最好的办法是让孩子看到父母每天都在学习。家长也可以和孩子一起共同研究某个课题，共同学习和成长。父母执着研究、坚持学习的习惯会潜移默化地影响孩子，让他们在遇到各种困难时不轻易放弃。

落实家庭教育促进法，学校如何积极作为？

教育界有一个著名的公式："5+2=0"，说的就是家庭教育对学校教育的影响。"5"代表学生在学校接受教育的 5 天时间；"2"代表学生周末在家接受教育的 2 天时间；"0"代表教育效果。很多老师常常发出这样的感慨："辛辛苦苦教育了 5 天，却难以抵挡家庭消极教育的两天。"《家庭教育促进法》特别强调家校协同育人。家庭教育的实施主体是家长，但是并不意味着学校就可以袖手旁观。相反，学校应以家庭教育促进法的实施为契机，积极作为，一方面助力家长提高家庭教育水平；另一方面建立良好的家校关系，让家庭教育和学校教育形成良性互动。

首先，学校应开办"家长学校"，对家长进行教育。

没有人生来就懂得如何当好一个家长、懂得如何做好家庭教育。家长本身就需要接受有关家庭教育方面的教育。而学校作为专业教育机构，可以发挥自身优势。《家庭教育促进法》第四十条、第四十一条和第四十二条分别提出，中小学校和幼儿园可以采取建立家长学校等方式，针对不同年龄段未成年人的特点，定期组织公益性家庭教育指导服务和实践活动，邀请有关人员传授家庭教育理念、知识和方法，促进家庭与学校共同教育，或为社会性家庭教育指导服务站点提供相关支持。事实上，现在已经有许多学校开办了"家长学校"，利用双休日或晚上时间，开设有关儿童心理学和家庭教育方面的讲座或课程，引导家长纠正不正确的观念和做法，受到家长们的欢迎。比如清华附中 2021 年秋季学期开学以来，就先后邀请了曹延晖等多位家庭教育专家举办线上讲座，向家长普及有关积极心理学的知识，引导他们学会处理亲子关系，还邀请高年级学生家长交流分享家庭教育经验。学校的"水木清芬读书会"精心设计家庭教育相关主题，推荐相关书目，邀请部分家长分享读书心得感悟，比如邀请了《好姑娘光芒万丈》一书的作者小万工与家长进行面对面交流，这些活动受到家长们的一致好评。

其次，学校要建立有效的家校沟通机制。

学校和家庭要互通信息、形成合力，共同促进学生健康成长，就必须建立有效的沟通渠道和良好的沟通机制。有时候，学校掌握的信息比较多，而家长不一定了解，信息不对称容易造成家长对学校、不信任，造成误解。同时，家长往往只考虑自己的孩子，而学校要面对全体学生，只能采取"全局最优"策略，很难照顾到每一个学生的利益。学校要采取多种方式加强与家长的沟通，消除误解，同时让家长能站在全体学生的角度思考问题，及时、准确地从"官方"了解相关信息，进而消除焦虑，采取恰当的家庭教育方式，配合学校教育，共同促进学生的发展。学校还应通过家校间的沟通机制，厘清学校教育和家庭教育的边界，学校和家庭应围绕促进学生健康成长这样一个共同目标分工协作，各有侧重。比如让学生加强体育锻炼，学校应负起主要责任，家庭也要积极配合；再比如有些特殊的兴趣爱好和特长培养，确实需要家庭付出较大努力，学校也应积极创造条件，搭建相应平台。

家校沟通的方式很多，除了常见的家长会、家委会会议等，还有"校长接待日""家长开放日"等等，也可以充分利用现代信息技术手段搭建相关信息交流平台。学校要创造多种多样的机会，让家长深入了解学校，进而认同学校的教育理念。

儿童青少年是祖国的未来，也是具有独立人格的个体，他们既属于家庭，也属于学校，更属于社会、属于国家。家庭和学校都应该站在为党育人、为国育才的高度，携手共进，为他们的健康成长创造有利的环境。

呵护好奇心，培育科学家精神

在即将开启"十四五"之际召开的科学家座谈会上，习近平总书记不仅强调了加快科技创新的重大战略意义，还着重提出要大力弘扬科学家精神，强调"科学成就离不开精神支撑"。

科学家是国家的支柱，科学家的研究成果在国防、经济建设、社会发展等方面起到引领示范作用。习近平总书记指出："凡是取得突出成就的科学家都是凭借执着的好奇心、事业心，终身探索成就事业的。"基础教育阶段应该如何培养科学家精神呢？

一要培植沃土，呵护好奇心。青少年是想象力最为丰富的群体，对于世间万物都充满了兴趣，如何呵护好奇心是亟须教育工作者思考的问题。首先，需要创造一个自由、开放的空间环境。清华附中针对初中生开设了创客空间，针对高中生开设了涵盖机器人、能源、人工智能、地理信息、生命科学、化学分析、航空航天等不同方向的高研实验室，学生能够通过不断探索寻找自己的兴趣所在。其次，需要开设丰富的课程与活动。针对全体初一学生，清华附中开设了"三走进"

系列课程，涵盖创客、艺术、地理、环境、社会、生物等不同领域与学科，让学生根据自己的兴趣进行选课；还开设了STEAM课程，通过一个个研究项目让学生除了学会科学知识，还了解掌握科学探究、工程实践的方法；到了高年级，学校开设创客课程及高研实验室系列课程，让学有余力的学生进一步学习相关专业知识，接受项目指导，从而完成一项研究课题。丰富的活动同样也能够激发起青少年的好奇心，每年的科技夏校、冬令营活动邀请科研院所、科技公司共同参与组织策划实施；在学生节中，学生可以尽情浏览同龄同学的科技创新项目与作品。

二要追求卓越，方得始终。每一项伟大科研成果背后的故事都能映射出科学家的精神，历久弥新，更能支撑我们创新甚至创造。追求真理、敢为人先、集智攻关……这些词语都不足以描绘科学家精神。习近平总书记在科学家座谈会上所谈到的爱国精神、创新精神、求实精神、奉献精神、协同精神、育人精神等，更加系统全面地阐释了科学家精神的内涵。

追求卓越即不安于现状，不满足于目前所取得的成绩，敢于挑战新的未知。习近平总书记建议："广大科技工作者要树立敢于创造的雄心壮志，敢于提出新理论、开辟新领域、探索新路径，在独创独有上下功夫。"只有不断追求卓越，才能实现更多的"从0到1"的突破。青少年时期是性格、精神品质培养的重要时期，运动会上的每一次进步、每一次实验的优化、每一次社团活动的迭代，都在告诉孩子要追求卓越。

三要走近科学家，培养科学家精神。了解科学家的日常工作很重要。我们开设了"水木讲堂""对话大家"系列活动，定期邀请知名科学家进校园，与中学生面对面探讨科学与人文的话题，围绕科学与艺术、量子物理、人工智能、机器人、航天科技、行星探测、生命科学等领域开展讲座，并通过互联网平台向更大范围农村中学开放直播信号，弘扬科学家精神，学习实践科学思维方法。我们还借鉴翱翔计划、后备拔尖培养计划等与大学建立合作机制，选派学生进入大学实验室，跟随导师一同开展课题研究，在学习工作中感受科学家的积极态度、有效研究方法、献身科学的生动事迹。

科技创新离不开前辈的知识、技术的支撑，更离不开科学家精神的传承。星星之火，可以燎原。相信现在播下的精神种子，定会成为学生的人生信条，鼓舞着明天的科学家。

最好的家庭教育,是对孩子放手而不撒手

当下,家庭教育的重要性已得到家长、学校和社会的广泛认可。但是在具体家庭教育过程中,家长往往有困惑:

应该管什么不应该管什么?怎么把握家庭教育的"度"以达到良好的教育效果?如何掌握对孩子既放手又不撒手的分寸,真正帮助而不束缚孩子的成长?

这些都是值得每一位家长在家庭教育中思考的命题。

"直升机"和"甩手掌柜"都不利于孩子成长

现在的家庭教育存在两种截然相反的情况:一种情况是"直升机家长",恨不得全天候对孩子紧盯不放,事无巨细安排得异常周密,试图完全控制孩子的成长和发展过程;另一种情况则是完全不管,放任自流,家长基本不关心孩子的成长和表现,有的家长甚至把教育孩子的责任完全扔给学校,认为学校是专门的教育机构,把孩子交给学校就万事大吉了。这两类家庭教育方式都不利于孩子成长,都是家长没有定位好自身角色,以致不能正确把握亲子关系的界限。

"直升机家长"，是无形中把孩子当成了自己的私有财产或附属品，没有将孩子看作一个独立自主的个体，觉得既然孩子是自己生的，就有权利决定和控制孩子的一切。

著名诗人纪伯伦在一首关于孩子的诗中写道："你的孩子其实不是你的孩子，他们是生命对于自身渴望而诞生的孩子……他们在你身边，却并不属于你。你可以给予他们的是你的爱，却不是你的想法，因为他们有自己的思想。"

孩子是与父母平等的独立的个体，而不少家长常忽视了教育最为重要的目标之一是培养独立人格。家长只有学会适当放手，给孩子独立成长和体验世界的机会，才能帮助孩子更好地成长。

"甩手掌柜"式的家庭教育方式是另一个极端，家长没有尽到自己应尽的责任。孩子就像一株幼苗，需要园丁来浇水、施肥、除草，才能健康茁壮地成长，否则很可能中途夭折或长成一棵歪脖树。

家长既然把孩子带到这个世界，就应该承担起为人父母的责任，从孩子出生起就给予他爱和关注，在需要的时候给予他帮助，孩子才能在成长中得到应有的滋养，焕发出蓬勃的生命力。孩子上学以后，学校只承担了一部分教育责任，并不代表家长就可以完全撒手不管了；家长仍需关注孩子在学习、生活、情绪等各方面的状态，做孩子成长的陪伴者和坚强后盾。

表率、习惯和情绪，是家长不能撒手的责任

2020年全国两会上，关于父母"持证上岗"的建议引起关注和热议。养育生命、将孩子培养成人，可以说是这个世界上最为重要和艰巨的工作。家长一方面要尊重孩子的独立自主性，给他们充分的成长空间；另一方面也要尽到为人父母的责任和本分，绝不能对孩子放任自流，或者把教育孩子的责任完全推给学校。

身教重于言传，家长要做好孩子的表率和榜样。身为家长，第一个不能撒手的就是对自己的要求，要时时鉴察自己的一言一行对孩子带来的影响。父母关系、家庭氛围、父母的心理健康状况及为人处世的态度等，都对孩子产生着潜移默化的影响。家长的示范作用是别的教育无法替代的，也是别的环境无法提供的。仅对孩子说教往往没有效果，行胜于言，家长用自己的行为给孩子做出榜样才是最好的家教。

孩子的样子就是家长的一面镜子，孩子的问题很多时候映射的是家长的问题。所以家长在对孩子提要求之前，可以先反省一下自己：我对孩子提的要求自己做到了吗？我平时的言行有没有给孩子做出好的榜样？

注重培养孩子的习惯，让家教的影响更长久。在家庭教育中，家长还有一个不能撒手的，就是培养孩子的习惯。俗话说，习惯决定性格，性格决定命运。表达、阅读和运动习惯的养成，会对孩子一生发展带来重大影响。

良好的语言表达习惯，对孩子的人际沟通和交往能起到重要作用。有的孩子说话很冲，语气生硬，让人听了不舒服，原因是平时没有养成好好说话的习惯。家长在平时生活中要尽量避免家庭语言暴力，批评孩子的时候应注意语气和方法，不要动不动就"下结论"或"贴标签"。

爱好阅读的习惯，是通向优秀的路径。孩子一旦开始阅读，就进入了自主学习的状态。阅读不仅能增长知识拓宽视野，而且能增强人的理解能力、表达能力和思维能力。练好阅读的童子功，会使孩子受益终身。

坚持运动的习惯，不仅能让孩子身体强壮，培养运动中的团队合作意识、规则意识、情绪控制能力等，还能塑造人的坚毅品格，是其他学科学习和活动不能替代的。家长最好能引导孩子练就一两项能伴随终身的体育特长或技能。父亲在运动方面有先天优势，应该发挥更大作用，多培养孩子对体育的热爱。

关注孩子的情绪状态，适时给予引导和疏解。有的家长可能觉得，孩子只要吃饱穿暖不生病就能健康长大，实际上并非如此，孩子的心理健康水平也非常重要，对孩子成长有巨大影响。尤其在目前学业压力普遍较大的环境下，学校和家庭要达成共识，充分重视和关注孩子的心理健康，共同促进孩子身心的健康平衡发展。

家长不管工作多么忙碌、精力多么有限，在孩子回家以后也最好能关注一下他的情绪，尽量为孩子创造一个相对和谐宽松的家庭氛围。孩子在学校处于紧张竞争的气氛中，回到家以后要让他舒缓一下压力，适度调节学习生活节奏。当感觉到孩子有情绪方面的困扰时，及时了解原因进行疏导，帮助孩子走出心灵困境。

家长适当放手，孩子才有成长空间

不少家长也明白对孩子的爱要有界限，但在实际生活中总是容易过度关注孩子，"关心则乱"，最后变成控制，使孩子丧失成长的空间和自主性。家长可以从以下几个方面着手克服自己的控制欲，学会有智慧地适当放手。

不要包办代替孩子的学业任务。大部分家长最关心的是孩子的学业，总想尽自己所能为孩子的学业进步提供帮助，这是人之常情，但是提供帮助一定要有界限、方法要得当。即使家长自身学历高、知识背景强，有足够能力辅导孩子学业，也不能越俎代庖，对孩子的学业包办代替或是严密监控。

应尽量让孩子独立完成学习任务，既不让孩子形成依赖性而失去学习动力和解决问题的能力，又有助于老师掌握孩子的真实学业水平。家长应允许孩子有做错题的机会和失败的体验，让孩子在失败中总结经验，学会成长。家长不要成为孩子学习的监督者或学习助理，而是成为陪伴者，和孩子一起成长。

不要替孩子决定他的兴趣爱好。在孩子的兴趣或特长培养上，很多家长往往从自我出发，按照自己的喜好或功利化目的设计、决定孩子的兴趣方向，没有考虑孩子的天赋特性和真正兴趣，导致孩子痛苦不堪。

家长应该提供丰富的机会，让孩子广泛接触各种项目；在不断尝试的过程中，孩子会随着时间的推移、年龄的增长逐步聚焦，寻找到自己真正的兴趣爱好。只有真正的热爱，才能激发人的潜能和创造力，也才能有恒心和毅力坚持。家长可以提供建议，但应该充分相信孩子的分辨和选择能力，不要事事替孩子做主。

不要过多干预孩子的学校生活。家长应尊重学校教育的专业性和规律性，对学校教育存在的问题可以建言但不要过多干预。即使出于对孩子的关心，也不要在不完全了解情况的前提下，随意批评学校或老师，那样只会对孩子产生不良影响。对孩子在学校遇到的问题，要及时关注但不要反应过度。

比如孩子如果遇到了校园欺凌，家长一定要提供保护和支持，但如果孩子只是和同学发生一些小矛盾，就不要反应过激，甚至把矛盾扩大化。家长可以提供化解矛盾的合理建议，同时也锻炼孩子处理人际关系的能力。家长不要因为对孩子的保护欲而处处冲在前面，孩子总有一天要学会独自面对风雨。

教育孩子是一个漫长又艰巨的过程，做智慧家长不是一件易事，既要承担为人父母的责任，又要把握好亲子关系界限。总而言之，不能撒手的地方绝不撒手，应该放手的地方舍得放手。

PART 3

第三辑

课程建设与教学改革

开设综合课程要避开四个误区

综合课程一般是以问题为导向或者按照某个专题展开的多学科融合课程，其展现形式与传统的单科课程完全不一样。综合课程是非常严谨和带有一定学术味道的课程，它往往与动手实践密切相关，但不能因此将其与"综合实践活动课程"混淆，因为在综合课程中，实践只是解决问题的过程中有可能需要的一个环节、一个步骤。

综合课程的独特价值

在当前中小学普遍实行单科课程教学的体系下，是否有必要开设综合课程，其存在价值和意义体现在哪里？在我看来，综合课程的作用和价值主要体现在三个方面。

首先，综合课程有利于培养学生综合运用多学科知识解决问题的能力。单学科的教育更侧重于学科知识的学习和应用，解决的是学科内的问题。而综合课程不是以学知识为主要目的，而是让学生综合运用所学知识解决一个具体的问题，完成一个具体的项目或者完成一个专题的研究。其知识体系相对而言不够完整和系统，但它要求学生综合运用各个学科的思想方法、理论概念和具体知识去解决某个具体的问题，这是对能力的更高层次的要求。综合课程在培养学生这种能力方面的独特作用，是任何单学科都无法取代的。

其次，综合课程能激发学生对某个单学科的兴趣，展现其潜力。如果让学生一直学习抽象、枯燥的知识和概念，他们就会觉得没意思。当他们通过综合课程的学习，发现所学知识竟然可以用来解决很多现实问题，就会很兴奋，这样反过来激发了学习单学科知识的兴趣。比如清华附中一位物理教师曾开设了一门综合课程，让学生设计研发一个热气球，要让热气球升空、降落、回收，还要想办法进行全过程录像。在完成这项任务的过程中，学生做了很多设计、计算、试验，不断分析原因和进行修正，失败了三次，第四次才成功。在这个过程中，学生发现要用到的某些物理知识课本上没有讲到，就自己找书学，或请教别的同学和老师，物理学习的动力和学习效果大大提高了。

再其次，综合课程能够培养学生的创造力。目前中小学单学科的知识设计比较有系统性，但是学科界限分明，缺乏横向联系，一定程度上限制了学生的思维和创造力。但是综合课程不一样，可以设计一个从未遇到过的问题，然后让学生去解决，用什么方法、要用到哪些知识、结果会怎么样，一切都是未知的，这个时候学生的创造性就容易被激发起来。综合课程在培养学生的高阶思维和创新能力，培养学生分析问题、解决问题的能力方面是很有优势的。

处理好综合与单学科的关系

现在很多学校在探索开设综合课程，但是开设综合课程要注意厘清四个方面的认识，否则就容易走入误区。

第一，综合课程不能取代单科课程。综合课程不太讲究知识的体系化，实际上也无法对涉及的各学科知识在逻辑上进行结构化。这不是说综合课程不讲逻辑，只是按照传统的知识体系架构很难构建。因此，在开设综合课程的同时，一定不能忽视单学科的学习，否则各学科的知识体系会变得支离破碎，会对单学科理论和能力的建构产生极大危害。在培养人的能力方面，单学科和综合课程有各自独特的价值，无法互相取代，特别需要强调的是综合课程代替不了单学科的学习。

第二，综合课程的内容要与单科课程匹配，既不能"拔苗助长"，也不能有"低化"倾向。从综合到单学科再到综合，中小学综合课程的发展是螺旋式上升的。小学阶段，在孩子们还没有单学科知识基础的时候，开设综合性的科学课程，用孩子们能听懂的通俗语言，讲科学道理，解释科学现象。他们虽然无法分析事物的发展变化规律，但是能记住身边的现象，把疑问埋在心里，留下疑问比告诉他们结论更加重要。这个阶段的综合课程，目标在于把科学的探究精神种在幼小的心灵里，激发他们的好奇心和想象力。到了中学，随着知识积累、方法积累越来越多，面对的问题越来越复杂。这个时候的综合课程是以单学科学习为基础的，课程设计要考虑逻辑性、递进性。综合课程和单科课程的学习，在时间进度和内容深度方面要进行科学的匹配。至于具体何时开设综合课程，则要实事求是，切不可为综合而综合。比如，对初二的孩子来讲，物理先学"运动"，这时候讲综合课程就不能超越"运动"去谈别的；初三的时候学了电、磁，这时候就可以把化学上、物理上涉及的"电"综合到一起。综合课程里可能会涉及一些学生没有学到的知识，如果只是少量，可以补学，如果需要大面积补学，那就失去开设综合课程的意义了。

第三，不要把STEAM课程和综合课程混为一谈。综合课程的概念比STEAM课程更大，STEAM课程只是综合课程的一种类型。清华附中开过一门综合课程叫"国家安全下的科学技术"，涉及文、理8个学科，其学科的综合度远远超过了通常意义上的STEAM课程。

第四，不要采用类似单学科的考试评价方式，更多地应该进行过程性、阶段性评价。我们应该在学生完成综合课程的过程当中，观察他们在一些关键步骤上的处理方法、处理思路，通过全过程观察而不是只看最后的完成度，综合起来得到一个评价。在综合课程的学习中，过程性的收获远比最终的结果重要，企图用最后的结果去评价整个课程实施的效果和学生学习的效果，是极其错误的。

综合课程实施效果取决于教师

怎么设计出一门综合课程，非常自然地把已学知识引进去，把学生综合解决问题的能力显现出来，这对一所学校的课程建设水平是一个重大考验，对教师的能力水平也提出了很高的要求。

好的综合课程能够和单学科的学习互相促进。综合学科是想把一个综合问题分解成学科来解决，而教师在单学科教学时，应该有意识地把单学科置于综合问题当中，让人感觉到单学科在解决问题的时候是有价值的。初中、高中阶段的综合课程，还应该推进多学科融合。用"大概念"的理念进行科学教育，就是综合课程的理论依据之一，设计综合课程的时候，要适当参考这个"大概念"。

综合课程实施效果如何，教师的作用至关重要。学校应下大力气培养教师的综合课程开发及教学能力。当前，能胜任综合课程教学的教师非常缺乏。因为目前的教师都是传统教育模式下培养出来的，不具备这样的意识，也不具备这样的能力，加上很多教师习惯于守住自己的"一亩三分地"，不管自己所教学科与其他学科有什么关联。单学科的学习强调学得深、学得透，但是可能由此导致视野不够宽广。所以我常说，每个教师在"承上启下"的同时，要学会"左顾右盼"，实际上就是强调要有课程整合的思想，要尽可能和别的学科进行关联、对比，在单学科的学习时尽可能体现综合性。

综合课程因为基于问题、基于专题，很多时候要依靠小组合作、自主探究完成。教师应该转变观念，变革教学方式，多采用小组合作、自主学习的方式，让学生成为主角。教师从旁观察记录，在适当的时候予以提示和指导即可，要让学生独立思考，在探索中培养解决问题的能力，如果教师非要拉着学生、推着学生走，那综合课程的价值就大打折扣了。

数学教育思维第一

谈到数学,很多人就想到奥林匹克数学竞赛。从竞赛获奖情况来看,近 40 年我们获得的金牌数量在全球是首屈一指的,但是却没有培养出多少在国际上有影响力的大数学家,整体上还处于一个跟在后面跑的水平。这不得不让人反思我们的数学教育。

当前数学教育存在什么问题

问题究竟出在哪里?我认为有 5 个方面。

中西方在教育理念上有很大差别,我们的数学教育是以知识为中心的,强调的是掌握更多的数学公式,知道更多的数学结论、定理,学会更多的解题方法,练习得更加熟练。这样就导致要学习的内容特别多,教师只能加快讲的速度,减少学生自主思考和探究的时间。教师往往是直接告诉学生结论,让学生把解题思路记清楚,然后通过反复训练,让学生看到一个题目就能条件反射般地快速解答出来。这样的数学教育中,学生开放性思维得不到培养和锻炼,久而久之,思维就固化了，创新能力也没有了。

在评价上，我们往往是通过一张试卷来测试学生对知识掌握的情况，以考试分数作为检验教育结果的标尺，缺乏科学测试学生思维水平和综合能力的办法，说得直白一点儿，我们不但不会教，也不会考。我们以知识为中心来教，也以知识和方法为中心去考，导致的结果就是背离了数学教育的根本价值。

当下的数学教材也存在一些问题。好的数学教材，一方面要重视将现实生活中的问题概念化和抽象化，另一方面要重视将数学方法应用到现实生活中。而我们很多版本的教材，往往不讲知识的来源以及该知识有什么应用价值，而是开门见山直接列出几个公式，进行推导证明，然后给出一大堆习题。这样的教学导致学生学起来缺乏兴趣。

当前的数学教育在小学与初中的衔接及课堂教学方面也存在一些问题。初中和小学的教学如同"铁路警察各管一段"：小学教师不去深入了解初中学生要学什么内容、初中教师是怎么教的、怎样从能力和方法上适应初中的学习需求；初中教师也不太了解小学生认知规律和学习特点。初中到高中、高中到大学都存在这样的问题。每个学段的教师互相不怎么交流，各自按照课标和教材、按各自的理解去教，也不太关心学生后续的发展如何。这样就导致在内容衔接、思维模式转换等方面存在一定障碍，比如在代数思维培养上，小学到初中的过渡衔接就显得有些突兀，不够自然。

受传统应试教育理念的影响，一些数学教师仍然是满堂灌的教法。学生对数学课堂有自己的想法和建议，得不到教师的支持和重视。教师总是担心学生没听懂，把知识点掰碎了反复讲，不给学生留出思考和实践的时间。这样做造成学生对教师的依赖，不利于提升学生的数学思维能力。

数学教育改革如何把准方向

要改革中小学数学教育，必须首先弄明白，数学教育的真正目的和意义是什么？是学习数学知识还是培养数学学科的核心素养？毫无疑问应该以后者为重点，应该把重点放在培养学生数学的抽象思维能力、逻辑推理能力、计算能力等方面。怎样才能把这些能力化为学生能一生随身带走的东西？

首先，要更新课堂教学理念。传统的教法是教师抛出一个问题，让学生简单思考后，教师教给学生一个以至几个解法，让学生学会并记住这些方法，然后通过习题举一反三加以训练巩固。这并不是正确的做法。正确的做法应该是先引导学生观察和思考，运用已经掌握的知识去分析问题、尝试解决问题，要给学生充足的时间，教师不要越俎代庖，要尽量让学生自己想办法解决问题，经历不断碰壁、不断尝试的过程，最终找到解决问题的办法。学生这次为了找到解决办法花了半个小时，下次可能只需20分钟，再下次可能只需10分钟，慢慢地，就在脑子里建立起类似问题该如何分析、如何解决的通用思维。当然，采用这样的教学方式，需要教师减少讲授的内容，删去没必要讲的内容，减少机械重复的训练，梳理出最核心、最关键的东西，教给学生，有些知识点没必要讲，学生通过自学也能解决。

其次，要改变教学内容。数学是源于生活，然后再慢慢抽象化、概念化的一门学科。学生刚接触这一学科时就教一些程式化、概念化、抽象化的内容，势必导致学起来枯燥乏味。所以在小学的低年段，在教学内容和方法方面，要更贴近学生的生活，通过讲一些孩子生活中常接触的东西让他们逐步建立数学概念，还要善于用游戏的方式，培养他们的学习兴趣和爱好，尽量不要过早地讲抽象的符号，因为对他们来说，从形象到抽象需要有一段时间来适应和过渡。

再其次，要重视衔接教育。应在深入研究当下学生的认知能力的基础上，按照12年一贯制的思路来编写、编排数学教材。教材编写团队成员涵盖面要广，不仅要有专家学者，更要有一线的教师参与。教材由易到难、由具体到抽象，各学段有机衔接、自然过渡，才能循序渐进地培养和提升学生的思维能力和创新、创造力。同时，还要加强数学学科与其他学科的横向联系，各学科互相整合，互通有无，才更有利于培养学生综合解决问题的能力。

  最后，要建立新的评价体系。在目前的教育模式下培养出来的学生，数学基础比较扎实、知识体系也比较完整，但是在数学思维和分析、解决问题能力方面薄弱一些，其中一个重要原因就是目前的考试不能科学、准确地考查学生这些方面的能力和素养，考试评价起不到很好的导向作用。如何改变考试的内容和方式，进而倒逼教学改革向提高思维能力、创新能力的方向发展，这是当下急需研究的问题。

正确认识作业的价值，做好作业管理

近期，一位家长因为教师让其批改学生的作业而退出"家长群"，此事经自媒体转发后，引起了社会各界的热议。身为中学校长，我也谈谈自己的看法。

作业是课后学习任务

很多人在谈论作业时，其实并未真正理解作业的内涵及教师为什么要布置作业。我认为，作业是教学的一部分，通常情况下是需要用纸和笔来完成的。课堂是教学的主阵地，课堂教学结束之后，学习过程依然会延续，教师会布置一些课后学习任务，作为这堂课教与学的延伸。

当然也有一些作业不需要用到纸和笔。比如音乐课后教师可能会让学生再多练习几遍，又比如体育课上教会了一个技术动作，教师让学生放学后再去反复练习。还有一些科学类课程，可能需要学生观察和记录一些自然现象或动植物的习性，然后在课堂上跟同学进行分享交流。这些都是作业，都可以起到延伸课堂知识、检验学习效果的作用。

作业有其独特价值

作业的作用主要体现在以下四个方面：一是检验学习效果。学生对老师在课堂上所教授的内容，是否听懂了、掌握得如何，除了在课堂上通过提问、小测验等方式及时检测之外，还需要通过课后作业来进一步了解。这是作业最常见和最基础的功能。二是围绕课堂上所学的知识和方法，布置作业让学生练习，以达到巩固所学内容的目的。三是促进拓展应用，也就是我们常说的举一反三。课堂上讲的内容是"举一"，作业里的拓展是"反三"，这种拓展既有加深理解的，也有延伸应用的，甚至有发现新知识和新方法的作用。四是作为改进教学的参考。教师通过学生作业完成情况，能发现教学过程中存在的问题或"盲区"，及时查漏补缺，改进教学方式方法，实现教学相长，落实因材施教。

作业的这些功能与作用，在不同情况下可能会有所侧重。会选择或创编恰当的作业是优秀教师必备能力。

作业必须由教师批改

作业是由教师布置的，教师只有亲自全批全改，方能获得第一手的信息，检验是否达到布置作业的教学目标。一般情况下，教师应在下一次备课、讲课前完成批改，以作业反映出的情况作为备课的重要依据。教师如果不批改作业，就不能很好地了解学生的学习情况，因此不能把批改作业的任务交给家长或其他人。要求教师及时、认真批改作业，能起到有效控制作业总量的作用。作业理应由学生自己独立完成，家长只能协助而不能代做，这里的协助是指个别作业需要家长协助才能完成，最典型的是听写或背诵类的作业。

作业管理要做到四"精"

当前作业问题引发关注和争议，背后反映出学生学业负担过重，也反映出教师工作职责的缺位或失位的问题。要让作业充分发挥其价值，教师需要在做好四"精"上下功夫。

一是精心选择作业内容。作业不是越多越好，也不是越难越好。作业越多就越有可能走向机械刷题，作业越难就越有可能让学生失去自信，望而却步。教师无论是从教材、教学参考资料中选择作业还是自编作业，都一定要做到有的放矢、精心选择，切忌简单重复、"大水漫灌"，这样容易加重学生负担，浪费宝贵的学习时间，降低课后学习效率。

二是精准针对不同学生。作业应该分层布置，可以有统一的作业，也可以有个性化的作业。比如说某个学生的逻辑推理能力比较强，但计算能力比较差、比较马虎，教师就应给他布置需要耐心计算的作业，而抽象推理的作业可以少布置。真正的因材施教就要因人而异、精准针对不同的学生布置个性化的作业，就跟医生治病要对症下药一样，不能拿一个药方给所有人用。

三是精确校正课堂教学。教师通过批改学生的作业，了解学生们到底掌握得怎么样，发现自己在课堂教学中存在的问题，可以以此为依据，精确校正、调整自己的教学。

四是精细反馈作业情况。作业要及时批改，并且利用一定的时间向学生反馈。对于带有普遍性的问题，可以统一讲，而个性化的问题，就需要一对一进行讲解分析，实现通过作业促使学生温故知新、巩固提升的目的。

从一个教师如何对待作业能看出教师的教学理念和职业品格，从一所学校如何对待作业能看出这所学校的办学理念。教师们应深刻认识作业的作用和价值，夯实作业这一重要的教学环节。

如何提高活动育人的实效

近些年来,活动育人的价值越来越受到重视,活动的类型越来越多样,内涵越来越丰富,效果越来越显著。身为校长,如何引导教师挖掘活动内涵,促进立德树人,我从以下三个方面开展了工作。

讲理念,把握立德树人的思想阵地

把握好立德树人的思想阵地,很重要的一点就是要把校长的理念、想法及时、有效地传播给中层干部和每一位教师。校长要充分利用自己的话语权,在全校性的会议和干部培训中,甚至面向学生讲话时,把活动育人的理念讲清楚、讲透彻。我刚到清华附中工作的前两三年,几乎每月都要在全校职工大会上讲活动育人,不断地讲,反复地讲。讲了四五年,大家不但理解和认同了活动育人的理念,而且能够自觉地落实到行动上,我就没有必要再讲了。所有的有计划、有组织、有特色、个性化、有内涵的活动,它的教育价值都是综合的,而且其效果需要经过较长一段时间才能显现出来,不会立竿见影,但是这些活动在整个教育过程中是不能缺席的，搞得不够丰富也难以达到全面育人的目的。活动的教育价值是课内的教育教学无法取代的。

以前，清华附中有一位老师第一次当高中年级组长，他特别想证明自己，下决心要让这一届学生在高考中取得优异成绩。他的做法就是让学生把一切时间都用在学科学习上，学校安排了许多活动，比如说"一二·九"革命短剧、班级篮球赛、研学等，他都不让学生参加。他认为只有这样成绩才能好，但是事与愿违，他这一届学生的高考成绩却是最差的。后来他经过反思终于认识到：不抓成绩肯定不行，但只抓成绩也不行，一定要把课内的学习和课外丰富多彩的活动结合起来，让学生们处于动与静平衡的状态，使他们从心理到身体都处于良好的状态，这样学习效率才会高，学生心理素质才会好，无论对高考还是今后长远的发展都是有益的。

在中小学当校长，任务之一就是要平衡好课堂教学与各类活动的关系，如同"拔河"一般，发现教师们过多地往学科教学、考试、练习、作业等方面走了，校长就得往活动这边拉，体育啊、科技啊、艺术呀、走出校园啊、做社会实践啊、参加劳动啊，等等。校长虽然是一个人，但势单力不薄，一定要坚定地把握好立德树人的思想阵地。

做规划，挖掘活动育人的丰富内涵

一个学校的教育活动开展的形式是否多样，内涵是否丰富，学生是否广泛参与，能够真实地反映学校的教育境界和理念，这是学校文化的重要方面。

清华附中注重让学生在活动中成长，尊重活动的规律，注重体现活动的教育价值。清华附中希望通过丰富多彩的活动，培养有文化、有个性、有见识、有情怀的清华附中人。经过多年的实践，清华附中已经形成了具有清华特色的德育课程体系。

学校制定了面向全体学生，适合不同年龄、不同发展阶段学生的科学化、体系化的德育课程，围绕"成长、责任、追求"的主题规划阶梯状德育课程，从初一到高三分别以"快乐印象、文化印象、成长印象、细节习惯、学风学法、心态志向"为年级主题，课程设置总体保持一致，涵盖了"集体、学科、体育锻炼和志愿服务"四个版块，但不同年级目标定位不同，初一注重个人的"修身"，初二注重了解"清华文化"，初三学习"人生励志"，活动形式也各不相同，体现了共性板块层次化、个性板块阶梯化。高一到高三的共性板块是生涯规划，但高一侧重细节与习惯(上学期)、目标与文化(下学期)，高二关注学风与学法(上学期)、视野·深度·审美·情怀(下学期)，高三则注意学生的心态与志向，引导他们永远保持向前冲的姿态，做到"主题活动系列化、系列活动课程化、课程设置多元化、综合评价科学化、德智融合项目化、教育品质高端化"。

抓落实，促进德育课程的传承发展

在规划德育课程体系的时候，学校注重实效，在每学期的工作计划中规定好活动开展的时间，让活动和学习保持相对平衡的状态。比如说军训活动，一般就集中在起始年级开学的第一周，每年五月的第二周的周末就是学生节，每届高一第一学期都要组织开展"一二·九"戏剧展演，等等。

个别时候因为受外界因素影响，比如天气、疫情，有些活动可能短期内会受一些干扰，有些活动没法开展。比如因为疫情，2020年的新生入学后就没组织进行军训。后来高一和初一的教师都反映，说今年高一和初一的新生的状态和往届学生不一样，自由散漫，没有凝聚力，班干部也难以树立起自己的威信，老师和学生之间缺乏情感沟通。老师们都希望能把军训活动补上，后来我们就挤出三四天时间重新补上了军训。虽然效果还是不如以前，但是比不军训强多了。

我始终认为，好的学校就应该开展各种丰富多彩的活动，特别是要求全员参加的活动，从中可以看出学校的教育理念。面向全体的活动一定要种类多且有一定的时间量，才能发挥出活动育人的价值。好的学校能认识到活动对学生身心健康成长、全面发展的价值，努力提供更多的活动。比如说为了让喜欢艺术的学生有展示空间和发挥的余地，清华附中组织举办"微电影节"，学生要参加，就得去创作剧本、策划、拍摄、表演、剪辑等，整个过程中不但学会了很多知识，掌握了很多技能，还提升了道德修养。学校搭建了很多类似的活动平台，比如说进行一次英语短剧比赛，给班里喜欢表演的学生展示的舞台；举办运动会，让喜欢体育的学生自由展现；开展学生节，展现学生们的文化创意，等等。只有活动特别丰富，才能让每个孩子都有机会成为主角。活动不仅能锻炼学生的多方面能力，还是增加学生自信的重要方式。

　　清华附中在开发学生综合素质评价系统的时候，就有意识地让孩子把参加的活动都记录下来，用"记录"这样一种评价，引导和鼓励孩子们参加丰富的活动。

　　多年来，清华附中的活动围绕德育课程规划，注重发挥学生的创造力，让学生在活动中教育自己或者服务社会。比如，体育方面根据学生的年龄层次设计了一系列活动；科学方面有科普、创客、STEAM、通用技术、高研等；学生节则是"万国博览会"式的综合活动，会有艺术、科技、文化以及学生特长的展示等。

　　活动对于成长的意义，就如同锻炼之于健康，是一种自发的需要。这是一个累积的过程，是量变和质变的关系，具有综合性的教育效果。

体育评价要摒弃应试思维

我们常讲德智体美劳"五育并举",如果排位的话,体育恰好在"C位",可见其重要性。"体育包含两个层面:"体"是指"身"的发展;"育"是对"心"的促进,包括智力发展、意志品质和完善人格等。体育要"育体、育脑、育心",最终目标是育人,可谓"四育并重"。

中小学体育应当包含哪些内容?很多人认为,中小学体育活动就是校内体育课,或者是课间操、体育活动之类的,其实这样的理解大大窄化了中小学体育的内涵与外延。学生所从事的各种体育运动都应该纳入其范畴,学校开展体育活动不能局限于校内,必须走出校门,充分利用社区资源甚至专业化的体育资源。体育评价不仅要评价学生校内体育活动情况,还要把学生课外体育活动纳入其中。

体育评价,"育"的东西很难测量,只能通过可测量的"体"来督促"育"的落实,因为"育"就蕴含在体育活动中。

体育评价要坚持三个原则:一是要关注学生参与体育活动的情况。学生参加了哪些体育活动、每次参加多长时间、在活动中的表现怎么样,都要纳入评价体系,而且一定要把校外的体育活动加入进来,鼓励学生在校外积极参加体育运动,也应鼓励社会体育机构、体育设施对青少年开放,并做好学生参与校外体育活动的记录。

二是要注重学生体育水平的增值性评价。该评价就是把每个人的初始值和终结值进行比较,看增值情况,鼓励学生自己现在跟过去比。笔者建议,在每学期初进行一次体育相关测试,这样一个学生在初中或者高中阶段就有6次测试,根据6次测试成绩的变化来评价学生的体育发展状况。只要学生坚持锻炼,增值情况应该越来越好。

三是要有终结性评价。每一年要给学生一个终结性评价,鼓励那些在某些单项上有特长的学生,使其能够被发现或者被关注。这样,不管学生是否能够坚持每天参加体育锻炼,如果在终结性评价时其身体素质在不断地变好,就能拿到相应的分值。

体育教育是为了让人发展、全面塑造人,不是一定要比个你赢我输,这是学校体育需要认清的出发点。作为校长应该思考的是,能不能让每个学生在学校里都能够得到良好的发展。中国人普遍认为学生在学校取得最优异成绩才是教育的成功,但实际不应是这样。站在整体的角度上看,总有人会取得更好的成绩,也总有人成绩不够好。然而,只要每名学生都能够在学校里得到发展,比自己原来更强更好,就是成功,而不是要比别人强才叫成功,这就是增值评价。以体育评价来说,一个学生通过体育评价发现,自己原来跑得很慢,练了三年比原来跑得快了很多,他就会深刻感受到坚持体育锻炼的重要性。

体育评价应该是全面的评价,我反对以应试的思维方式把体育强行纳入高考,只有把参与情况、增值性评价和终结性评价三方面有机结合起来,才能使体育评价更好地发挥促进学生全面发展的作用。

如何加强和改进科学教育

2022年3月,教育部和中国科学院专门就科学教育进行会商,提出合作加快建设高质量科学教育体系。部院共同在科学教育上发力,必将大大提高我国科学教育水平,培养更多更优秀的创新人才。作为一名中学校长,我热切期待借这次合作东风,解决我国中小学在科学教育上存在的一些问题,补齐教育体系中的这块短板,充分发挥科学教育在人才培养中的作用,让更多的孩子崇尚科学精神、树立科学思维、掌握科学方法,成为未来献身科技事业的创新人才。

中小学科学教育存在什么问题

当前,中小学普遍开设数学、物理、化学、生物学和科学、信息技术等课程,应该说科学教育有良好的基础,但从实际效果上看,却不尽如人意。2021年初,中国科学技术协会公布了第十一次中国公民科学素质抽样调查结果。调查显示,2020年我国公民具备科学素质的比例达10.56%,比2015年的6.20%提高了4.36个百分点,但仍明显落后于西方发达国家。

究其原因，中小学科学教育"不科学"和实践中的弱化，是造成公民科学素养整体水平落后的重要原因之一，具体而言，体现在五个方面。

一是中小学教育过于注重知识学习而忽视了科学精神、科学思维、科学方法和科学探究能力的培养。我们习惯于把"科学教育"当成一个独立的学科来对待，把传授知识放在第一位，过于强调知识的系统性、完整性和逻辑性，而不重视让学生体验知识的产生过程，不重视引导他们发现和创造新知识。

二是满堂灌的教学方式和刷题的学习方式，损害了学生的想象力和好奇心，压制了学生的探究精神、冒险精神。大多数教师还是以知识为中心，采用传统讲授方式，采取启发式教学的不多；学生的学习主要是做题，被大量的题目、试卷压得喘不过气。这样的教和学，难以激发学生科学探究的热情。

三是掌握科学教育方法的师资不足，更是缺少"大先生"。当前站在讲台上的教师，他们自己在成长和受教育的过程中，没有接受过系统的科学教育，没有掌握相应的教学方法，不会在学科教学中渗透科学教育，不擅长培养学生科学精神、科学思维和让他们掌握科学方法。

四是设施条件成为制约因素，面临"缺医少药"的窘况。开展科学教育，需要具备一定的物质条件，配备相应的硬件设施。目前有些中学的实验室条件比较差，很多物理化学实验学生没法动手做，只是看视频或者观看老师演示，甚至只能在脑子中想象，这对于激发学生探究热情、培养动手实践能力是很不利的。

五是评价导向不利于开展科学教育。现在的评价更关注学科知识学得是否扎实，对创新精神、科学素养和能力培养关注得少，也缺乏科学的评价手段。如果在中高考选拔中、在对学校进行评价时，科学教育无法得到体现和重视，最后的结果就是学生不愿意学、学校也不愿意搞。

科学教育如何通向科学素养

通过科学教育提升学生的科学素养，要在两个问题上澄清认识。

一是要正确认识科学教育和学科教育的关系。学科教育的主要目的是传授学科知识，学科教育是科学教育的重要基础，但是学科教育做得好，不一定就能培养出科学精神和科学思维，就能提升学生的科学素养。当下的学科教育是以知识为中心建构的，注重通过学科知识的学习培养学科核心素养。而科学教育不是一个独立的学科，它是跨学科的。教师在学科教学中，一定要有"借题发挥"的意识，善于发掘能够体现和培养科学精神、科学思维、科学方法的知识点，通过本学科的教学做好科学教育，这非常考验教师的教学能力和智慧。

现在很多人一提到培养拔尖创新人才、提升学生科学素养，就想到搞学科竞赛。其实学科竞赛本质上是一种更难、更深的学科教育，和科学教育绝对不能划等号，学科竞赛是小众化的，对大多数学生而言并不适合。而我们提倡的科学素养是人人都应该具备的。有的学生因为参加学科竞赛而过早地把自己限制在某个学科的专业学习领域，整体的科学素养反而下降了，这不是个好事情。

二是要正确理解科学教育的目标。科学教育的目标不是学习了多少具体的知识，而是要培养科学精神、科学思维、科学方法和科学探究能力。科学精神最主要的是求实精神和创新精神，不求实就不是科学，不创新科学就无法发展。应该说，科学教育没有专门的内容，任何一个学科的内容都可以成为科学教育的载体。如果说科学精神、科学思维、科学方法是"经"，那么学科知识就是"纬"，只有"经纬交织"才能达成科学教育的目的。科学教育就是能够培养出来这些能力素养的教学内容和方式的总和。不同的学校、不同的教师，可以有实现科学教育的不同方式，大家可以殊途同归。

加强和改进科学教育的方式

加强和改进科学教育，包括两个方面：所谓加强，就是要更加重视，应该有而没有的东西，我们要花功夫下力气建构起来；所谓改进，是说我们教育实践中有些做法偏离了科学教育的正确轨道，应该进行纠偏、改善。

具体而言，我提出五点建议。

第一，要从教育哲学的高度，让每一名教师认识到科学教育的重要意义。

科学素养是一个人综合素养的重要组成部分，提升科学素养是建设高质量人才培养体系的必然要求。教师要从育人理念的顶层逻辑出发，找准科学教育的目标定位。现行的课标、教材里并没有明确细致地说明某门学科该如何培养学生的科学素养。教师在进行学科教学时，头脑里要有培养学生科学素养这根弦，把教材整体梳理一遍，寻找学科知识点与科学教育的结合点，看整个教育教学过程中哪些地方可有机融合，这样就能改变有科学知识而无科学教育的状况，科学教育的短板就会补长。这和"课程思政"的理念及教学方式有异曲同工之妙。

第二，在教师培养方面要加入科学教育相关内容。现在的教师，学历层次普遍提高，很多中小学教师拥有硕士、博士学位，但是学历高不等于科学素养高，更不等于开展科学教育的能力水平高。教师个人对科学精神、科学思维、科学方法的认识和掌握，既需要在职前培养中夯实基础，掌握科学教育的基本规范，也需要在职后加强相关培训，在教学实践中一边学习，一边反思和提升。

第三，学校要开设跨学科的综合课程(如STEAM课程)，倡导开展项目式学习。综合课程是以思维和方法为中心、以综合运用多学科知识为手段、以解决实际问题为目标导向的课程。开设综合课程不是为了学习某一领域的新知识，而是要在多学科融合中培养学生的科学精神，让他们树立科学思维，掌握科学方法。项目式学习(PBL)方式包括提出问题、规划方案、解决问题、评价和反思等中心环节，强调团队合作和自主探究，对于提升学生科学思维水平很有帮助。在科学教育中，培养科学思维、科学精神，掌握科学方法，都要以培养科学兴趣为基础和前提。科学兴趣怎么来？就需要通过项目式学习，研究性、探究性的学习和丰富的科学实践活动，把学生的兴趣激发、调动起来。

第四，推动科教融合，充分利用好科学界的资源。科研院所的科研人员、科研平台是中小学开展科学教育可资利用的宝贵资源。利用的方式多种多样：中小学可邀请科学家到学校举办讲座、现身说法。请科学家来学校，目的不是让他通过2～3小时的时间教学生掌握某种科学方法，而是请科学家用通俗的语言讲解奇妙的科学现象，也可以讲他在追求科学真理过程中发生的一些动人的故事，让科学家激发学生的兴趣，点燃学生科学探索的激情；中小学可以让学生走进科技馆或相关科研机构。学生可以利用科研机构相关设施条件，在专业科研人员指导下，开展某些科学探究活动，体验科学研究的过程；可以通过线上线下多种方式(如"天宫课堂")开展科普宣传，向学生传递知识、激发兴趣，同时将科学精神、科学思维、科学方法等融入其中。

第五，开展丰富多彩的科技探究活动和社团活动。科学教育的舞台不应局限于教室，丰富多彩的校园科技活动和综合实践活动，对于激发学生科学兴趣和热情有着独特的作用。科技社团活动则可以根据活动小组学生的实际特点、探究能力水平和个性特征设计和选择活动内容。学校应大力支持学生科技社团开展活动，比如清华附中就有"爬虫社"等多个科技社团，学校投资建设了创客空间、高研实验室，尽可能为学生开展课题研究和科技探索活动创造条件和提供支持，让学生自主参与、自主探索，在活动过程中开阔视野，提高创新意识，掌握科学的思维方法。

第四辑

PART 4

教师成长与专业发展

学校如何支持教师专业发展

百年大计，教育为本；教育大计，教师为本。一方面，教师整体素质、水平的高低直接关系到学校的办学质量和社会声誉，名校往往有名师；另一方面，学校的发展理念和相关政策措施反过来又直接影响教师的专业成长与发展。教师与学校，应该互相成就、携手共进。

学校如何支持教师专业发展，使之成长为一名具有深厚的学科积淀、专业的教学技能和坚定的教育信念的好老师呢？我认为，不仅要从选拔到培养、从理念到技能多方面覆盖，还要构建全方位的、阶段性与持续性相贯通的教师发展体系。具体而言，我有以下六点建议。

第一，从教师培养源头抓起，完善教师专业发展体系

一个好运动员不一定能成为一个好教练员。与过去教师主要来源于师范毕业生不同，今天，越来越多综合性大学的毕业生进入教师队伍。综合性大学的毕业生学科专业基础可能更为宽厚和扎实，但他们没有经过系统的师范专业学习，仅

仅考取教师资格证书是不够的，这是他们从事教学工作以及个人发展成长过程中的短板。

要培养高质量的教师队伍，需要从源头抓起，这个源头就是建立完善的教师培养体系。本科层次的教师培养体系，应当涵盖教师职业态度、科学教育观、学科素养、专业技能等多方面的内容，应注重实践教学，夯实专业实习环节。更高层次的教师专业培养，可以采用师范教育本硕连读，或者本科阶段综合性大学培养与研究生阶段师范教育培养相结合的方式，使教师综合素养得到提升。教育主管部门应更大程度上赋予学校自主招聘的权利，使学校能根据自身需要和发展状况自主选择、继续培养。这样就形成了培养、选拔和发展三阶段衔接贯通的教师专业发展体系。

第二，制定科学合理的教师评价制度，激励教师平稳可持续发展

在教师发展过程中，学校的教师评价机制发挥着重要的牵引和调节作用。合理的评价制度就像比赛中途的补给站，让教师在超越对手的时候获得奖励，在后劲不足的时候获得能量补充。科学合理的教师评价制度能够激发教师内驱力、调动教师积极性、帮助教师避免职业倦怠，使教师永葆创新的活力与奋进的激情。

科学的教师评价制度不能只以教学成绩为依据，要建立多元评价体系。比如在清华附中评价一名教师，不仅会参考教师的工作量、教学成果，更注重对教师德、能、勤、绩、廉等多方面的综合评价考核。

赏罚臧否，不宜异同。学校要按照综合评价结果对教师实施奖惩，对考核结果优秀的教师予以奖励肯定，对于考核不合格的教师也要有惩戒鞭策。要将激励、改进和提高作为教师考核评价的落脚点，要让追求上进、勤恳工作的教师得到认可，进而促使他们更好地发展，达到良性循环。另外还可以通过科学全面的评价发掘具有潜能和特长的教师，将这些教师放到更适合的平台上锻炼，提高其综合能力，

使其不断发展的同时，发挥更重要的作用。

科学合理的教师评价制度不仅可以激发教师积极性，给教师注入可持续发展的动力，还可以维护良好的竞争氛围，稳定、凝练团队，为学校建设高质量教师队伍提供保障。

第三，引领教师职业规划，明确教师发展方向

让教师有一个清晰的职业发展方向非常重要，这就需要学校适时对教师进行职业规划、生涯规划的系列培训。有的学校对新入职教师提出"一年合格、二年优秀、三年卓越"的发展目标，我认为这是不科学的。学校要遵循教师发展规律，树立科学的教育观和发展观，同时还应根据教师学历、岗位和不同发展阶段提供相应的支持和引领，帮助教师完成自身发展的渐进提升。比如对于入职三年内的新手教师，最重要的是帮助他们站稳讲台，这期间学校可以开展例如通识培训、师徒结对、基本功大赛、课例研讨类的系列活动，让他们夯实教育教学基本功。对于工作四、五年后的合格教师，学校可以在班主任、教科研、示范课、课题论文等方面对他们要提出更高的发展要求。

从根本上来讲，教师的职业发展与学校的发展是相辅相成的。学校本身具有良好的可持续的发展前景，教师才能看到自身未来发展的希望。学校的整体氛围和大环境会对教师工作状态产生影响，学校的校风和学风影响着教师的教风。学校应该发展成为与教师休戚与共的命运共同体，激发每一位教师的主人翁意识，使教师将学校发展和个人发展结合起来。

第四，创建交流平台，共享优质资源，提升教师专业能力

我们以前常说，教师要有一桶水才能给学生一瓢水。但随着时代发展，现在的学生能力更强，知识更丰富。教师只有一桶水显然不能满足学生需求，需要有活水源流持续不断地补充，而这离不开学校的支持。

信息技术时代，网络资源发挥着重要作用，学校应创造条件，为教师提供教育教学、学术研讨、教研等网络资源。学校应当创造条件加强校际间合作，发挥名校名师对教师的引领辐射作用，使教师们有机会共享国内外优质教育资源。例如清华附中充分利用一体化学校优势，通过"空中课堂"搭建资源共享平台，老师们可以观看不同学校的优质课程，优势互鉴，取长补短。

学校还应最大限度为教师提供多种多样的锻炼、展示平台，例如教育论坛、读书沙龙、同课异构等活动，使教师在学习交流过程中实现教育教学专业能力的提升。

第五，树立教师管理新理念，提供宽阔的教师发展舞台

近年来，清华附中在许多重要的教育教学、管理岗位启用了大批中青年教师。这批教师在新的舞台上迅速成长，逐渐成为学校各领域的中流砥柱。学校教师整体队伍建设也在加速发展，这和清华附中以教师为本的管理理念是分不开的。

学校里每位教师类型是不同的，有热衷科研的教师，有乐于奉献的教师，有擅长组织管理的教师，等等。由于自身特点不一样，教师们未来发展方向和轨迹也不尽相同。为了助力教师专业发展，使教师尽展其才，学校在选人用人方面应当做到不拘一格，因势利导，为教师提供宽阔的个性化发展舞台。有了更适合自己的舞台，内心深处的主动性和创造性得以激发，教师才能就可以得到更充分的发挥。

此外，成熟完善的用人机制，可以营造"千里马常有而伯乐也常有"的生态氛围。要让每位教师感受到学校里时时有机会，处处是舞台。这样教师对学校管理更有信任感和归属感，更能体会到工作中的幸福感、发展中的成就感。

第六，帮助教师坚定教育信念，强化教师自我发展意识

教师的专业发展归根结底还是自我发展。教师自我发展意识直接支配教师的行为，是教师发展的内驱力，也是第一动力。从内在因素看，教师的教育信念、职业态度、师德师风会直接影响教师自我发展的积极性。

习总书记在全国教育大会上说过，"做老师就要执着于教书育人，有热爱教育的定力、淡泊名利的坚守"。帮助教师坚定教育信念，是学校新时代开展教师培训的必修内容。

推进师德师风建设，要划定红线、坚守底线，制订相关具有约束力的规章制度，但更重要的是通过学校的文化积淀、优良传统对教师潜移默化地进行熏陶，从而让他们坚定理想信念、树立道德情操、练就扎实学识，胸怀仁爱之心。在工作和生活中，自觉与师德楷模对标，找到自我发展的目标与动力。

总而言之，教书育人是国家赋予教师的神圣事业和光荣使命，与时俱进不断发展是教师完成使命的必要前提。教师的发展不仅仅关乎教师自己，更关乎学生的成长、学校的未来，因此社会、学校也应该为教师专业发展提供应有的支持和帮助。而事实上，没有哪种途径在促进教师专业发展上能够始终发挥长效机制。只有不断发现新问题、提出新方法、贯彻新理念，不断完善教师培养、选拔、管理、使用环环相扣又统筹推进的全链条发展体系，才能让教师实现快速而可持续的发展。

如何成为研究型教师

中小学教师该不该做教科研工作？中小学教师做教科研的话，该做什么，怎么做？这些问题困扰着很多中小学教师和学校管理者。

从清华附中多年的实践经验看，我认为做教科研是让新教师迅速掌握教育教学规律、熟悉课堂教学、站稳讲台的好方法，也是让教师个人及学校的教师团队快速成长、促进学生全面发展的好途径。对中小学教师而言，完全可以做到教学和教科研"鱼与熊掌"兼得，二者相得益彰。中小学教师应该从教育教学中的"小问题"入手，通过教科研工作的推动，努力让自己成为研究型教师。

通过教科研探索教育教学规律

中小学的教科研与高校或专业研究机构的科研不同，我们并不提倡教师做纯学术理论的研究。如果教师能一边把教育教学工作做好，同时有时间、有兴趣对某个专业的学科领域进行深入研究，甚至能攻克学科难关，取得高水平的学术研究成果，这当然是可喜可贺的，但这样的人毕竟很少。实际上，一个人的精力是有限的,中小学教师的第一要务是把课上好、把学生培养好。我们更希望教师能专注本职工作、聚焦课堂教学和开展与教书育人有关的教科研,并将教科研成果反哺教学,这样"教""研"相长、循环往复、螺旋式上升,形成良性循环。

基于这样的认识,我认为,中小学的教科研工作应该紧密围绕教育教学、学生培养、学校管理等与学生成长发展有关的问题确定选题,围绕教学和育人中的"老大难"问题和新形势下的新问题、新现象确定选题,寻找破解之策,特别是要下功夫对尚未认识清楚的教育教学规律、影响教育教学质量的因素等重点进行分析和研究,为改进教育教学提供参考依据。

在教学中,有的教师觉得某个知识点自己讲得很清楚了,但是学生理解总是不到位,再讲一遍学生还是听不懂,但是有的教师三言两语一点拨,学生马上就学会了。为什么会这样?这背后就是对规律的把握。这不仅包括课堂教学的经验和规律,还包括学生的心理和认知规律,教师不仅要研究教材,还要研究教学对象,这样才能把教学和育人的全流程各个环节都设计好。

中小学教师做教科研重在反思

基于课程教材、教学方法和教学设计进行反思,是中小学教师做教科研工作的基础,也是一个重要的思想方法。青年教师要想快速成长,就要多反思、多总结、多实践、多向其他优秀教师学习。

这里所说的反思,不是上完课后在脑子里过一遍,或者口头上跟其他教师交流一下得失,而应该付诸文字,字数多少不限,也不一定要公开发表,但一定要把发现的问题说清楚,把实践探索的做法写明白,把改进和创新的思考写出来,通过不断的反思提高自己的教育教学水平。

一个不研究问题、不善反思的教师,只会不断地在原地打转,日复一日的教学只是量的积累,而得不到质的提升。可以说,会做教科研工作是优秀教师的一项基本功。特别是对于新教师来说，要用研究的态度、科研的思维对待难以驾驭的教学内容和教育教学中遇到的各种问题，解决这些问题的过程，就是教科研的过程，也是教师快速成长的过程。

学校应建立激励机制，培养研究型教师

清华附中鼓励教师做教科研工作。学校有一个口号："不做教书匠，要做研究型教师！"研究型教师有一个重要特点，就是他们能用研究的眼光对待教育教学和学生发展，他们对教育教学规律、学生成长规律的把握比一般教师更深入。一个只知道照本宣科的教师和一个善于研究、充满教育智慧的教师，哪一个更受学生欢迎，哪一个教学更有成效？答案不言自明。

从学校层面来说，除了鼓励教师做教科研工作，更要关注影响学校教育教学质量的重大问题，结合国家在课程教学改革、中考高考改革、育人方式变革等方面的文件精神，基于学校的实力和特色，组织开展"大兵团作战"，即针对一些重大、重点问题设立课题，组织教师团队，抓住带有普遍性的问题，集中团队的力量进行研究，寻找解决办法。

清华附中非常重视教师的教科研工作，学校层面建立了论文年会制度，每年以教研组为单位向教师征集教育教学论文并组织评审，以此鼓励教师以教科研指导教学。学校还设立专门的教育教学研究基金，用以支持校内教研组建设、教师的专业化成长与发展、拔尖创新人才的培养、新课程理念下校本课程的建设、完善评价体系等方面的研究工作。比如2021年清华附中共计有14个校内课题申请开题，其中，"在初中英语阅读教学中培养学生思维品质的实践研究""科普阅读与超级数学建模""数学之王——学科综合活动模式探究""经典名著阅读教学"等12个与教学实际紧密结合的课题获得通过。清华附中还鼓励、组织教师研究带有区域性或全国性特征的一些问题。比如专门设立课题，集体研究体育和美术人才培养方式及文化课要求问题，研究特殊人才全面培养与个性发展的匹配问题，研究取得的成果已经应用到"马约翰班"（体育）和美术创新班的人才培养上，取得了很好的效果。清华附中还组织团队研究开发了"中国大学先修课程"，针对当前基础教育在人才培养上存在的一些问题，给出解决方案以及实践经验。

　　有的学校可能不具备组织本校教师开展大课题研究的条件和力量，而实际上，中小学开展教科研工作，不一定局限于本校单打独斗，可以联合其他高水平学校、联合高校特别是师范院校的专家教授协同开展研究，以提高学校的教科研水平，拓展视野，提升教育教学的境界。跨越围墙、跨校联合、大中小学协同研究，用"众筹"的思维实现"众创"，也是中小学推进教科研工作的途径之一。

教师如何对待学生的错误

学生在学习与成长的过程中，难免会"犯错"，这是一种正常的教育现象，正是这些问题或者错误，让学生扩大已知面，使学生在纠正错误的过程中明白道理、学到知识，不断成长和进步。对教师来说，如何正确对待学生的错误非常重要，这能充分体现一个教师的经验与智慧。

从教育层面，对待学生日常行为规范或者思想认识方面的错误，我觉得首先要分清"错误"的性质，或者换句话说，要分析出现某种问题和冲突，是不是真的是学生的"错"。学生违反纪律规定通常有两种情形：一种是学生的日常行为习惯与学校的规定不符导致的，特别是在幼升小、小升初、初升高的衔接转换期，学生对新的环境、新的学习阶段、新的制度与规则有一个调整和适应的过程，对于自制力有限的学生而言，难免会出现违反学校纪律规定的情况。严格来说，这不是真正的错误。因为学校的某些规定，未必充分考虑到了青少年身心发展的特点和规律，可能方便了管理却压抑了学生的天性。对学生的这类"错"，教师要宽容、理解，采取过于严厉的惩戒措施可能会对学生身心健康造成伤害。另一种情形，确实有少数学生道德品质有问题，"三观"不正，行为存在主观故意或恶意，如欺凌同学、破坏公物、打架斗殴，甚至做出一些违法犯罪的事情，对此绝不能放任纵容，必须依规实施必要的惩戒，要让他们明白，每个人都需要为自己的行为付出代价。

不管是哪种性质的错误，教师都有责任对学生进行教育。我们常讲教师要践行学科德育、学科育人理念，这不只是要求通过学科的内容来进行价值观教育，在课堂上培养学生良好的行为习惯、学习习惯和规则意识，本身就是学科德育的应有之义。教师在教育时应晓之以理，讲清楚为什么，不要强令学生服从，要让学生发自内心地"不想"犯错而不是"不敢"犯错。

从教学层面，如何对待学生在课堂或课后学习过程中出现的错误，更体现了一个教师的经验，甚至可以说，是判断一个教师是否优秀的重要指标。在教学过程中，学生出现各种错误是很正常的，学生出错并不代表教师没有教好，相反，如果没有一个学生出错或存在疑惑，反而说明教学有问题——可能教学目标或难度设置过低，难以区分学生的水平和层次。

课堂是预设与生成的结合，不一定会按照教师预设的轨道进行，达到教师预想的效果。学生回答问题或做题时出现错误特别是一些典型性的错误，正暴露了学生理解的误区或教师教学上的盲区，有经验的教师往往会抓住契机，顺藤摸瓜，找到出错的根源，引导学生走出思维误区，同时调整改进自己的教学。即使有些学生学习成绩比较差，回答问题老踩不到点上，教师也不要急躁，应以鼓励为主，此时应该"就事论事"，切忌由具体一个问题上升到对学生的总体评价，比如说"你总是……"更不能挖苦讽刺，伤害学生自尊，因为这样一次被打击、羞辱的经历，可能会让学生从此对某一学科的学习失去信心或兴趣。这样的例子我们见过很多。

在目前的考评方式中，为了便于阅卷评分、把握评分尺度，高考、中考试题都有标准答案，这种考试评价方式不太科学，但却是当前现实条件下相对合理的选择。有些教师在日常教学中也处处以"标准答案"为中心，凡是和"标准答案"不同的，均视为错误或"异类"，这对于培养学生的高阶思维和创新能力是非常不利的。中小学日常教学应增强开放性，打破唯一答案、"标准答案"的禁锢，鼓励学生与众不同，鼓励学生多角度思考、大胆试错。教师即使明知学生某种思路是错的，也不要粗暴打断，不妨先让学生说说自己的理由，然后再去分析错在哪里，这样才能真正拉直学生心中的问号。

清华附中建有"高研实验室"，对某些科技课题有兴趣的学生均可报名参加，在教师的指导下尽情"折腾"。我们从不以成败论英雄，可能某个学生折腾一年的结果只是发现"此路不通"，但不要认为他一无所获，因为在研究过程中会遇到许多挫折，他需要向别人请教、向书本学习，在探索过程中学会了如何思考和研究问题，学会了一次次面对失败而不放弃。培根说"失败是成功之母"，意义或许就在于此。

总之，教师要分清各种"错误"的性质，认识到"错误"对学生知识学习和能力培养的积极意义和重要作用，从而把学生的错误当成教育的契机、教学的资源。有了正确的认识，自然就会有正确的方法，教师可以因人因时而异，发挥个人的创造性。

怎样做一个善于提问的教师

提问是教师日常教学中最常用的技术，提问的技术含量能直接反映出一个教师的教学能力和水平，优秀教师往往提问水平也高。学会提问是教师的必修课，说起来很简单，但实际上并不是每位教师都能熟练掌握提高的技巧。作为一线教师一定要学会提问，并且让提问引发深入思考，让提问有价值、有意义。

学会向学生提问

教师的重要职责是教书育人，向学生提问是教师及时了解学生学习情况的重要手段，目的在于检查学生是不是真会、真懂、真理解。

教师向学生提问时，设问要好。在教学当中如果教师的问题设得好，就可以抓住孩子的好奇心，吸引学生的注意力，在不知不觉中既教了知识，又教了方法，还能教会学生思考，这就是典型的启发式教学。学生对老师的问题，也许一时半会儿想不明白，还会问老师，老师再根据他的问题有针对性地解答，这样才能共同推动问题解决，提高教学效果。

向学生提问可以采用举一反三的方法。比如，数学老师经常讲"一题多解"，学生找到一种方法把问题解决了之后，往往都会很高兴。但是除了某一种解法之外，还有没有别的解法？或者说如果这种解法有点复杂，还有没有更简单的解法？如果教师能经常引导学生寻求新的不同解法、更简单的解法，学生的思维水平就会得到快速提升。

向学生提问要注意培养学生的思维方法。大家都觉得东西往下掉是正常现象，但是牛顿正是由特殊到一般不断思考为什么，才发现了地球引力和万有引力。一些司空见惯的现象背后往往有某种一般性的规律。只有让学生平时善于观察、善于思考、善于总结，他才能发现一些一般性的规律，才能逐步具备从具体到抽象、从特殊到一般的高阶思维能力。

教学生提问

提出问题在某种程度上比解决问题更重要。教师在教学中，要鼓励学生提出问题，引导学生思考和探究。中国的家长在孩子放学回去以后，总爱问孩子今天考试没有、考了多少分、考了多少名。但是在以色列，孩子放学回家以后，家长问孩子的第一个问题往往是"你今天在课堂上、在学校问了老师什么问题？""老师有没有表扬你这个问题问得好？"我们的家长关心的是孩子学会了什么、学习的结果如何，而以色列家长关心的是孩子能不能发现问题。其实每一个孩子在小时候，脑子里都装着"十万个为什么"，他们提出的问题大人有时候都不知道怎么回答。但是为什么随着年龄的增长，孩子的问题越来越少了呢？除了一些问题随着年龄增长得到了答案，更重要的原因是，我们的教育往往是教学生那些已经成为既成事实的固定的知识、方法和结论，学生的主要任务就是记住这些东西，记得越准确越好，时间一长他们的思维就被束缚住了，好奇心逐步消失，问题就会减少，问题少了自然思考问题的机会也就减少了。

要教会学生质疑。一般来说，学生心目中有两个权威，一个是课本，另一个就是老师。课本上写的内容他认为是不能质疑的，老师上课讲的东西也不能质疑。但是长此以往，学生就变成了一个装知识、记方法的容器，不敢也不会质疑。教师不要让学生变成权威的奴隶，要培养学生的质疑精神，不唯书、不唯上，只唯实。

　　教师还要引导学生"追根溯源"。别人提出一个问题的时候，要先思考这个问题是真还是假。要鼓励学生不但知其然，还要知其所以然，不能轻信，更不能偏听偏信，凡事一定要搞清原因。学生要懂得，没有证据只有结论的时候，这个结论往往是应该质疑的。养成追根溯源的习惯，对学生将来思考问题、解决问题、做出决策是非常有帮助的。有的老师讲数学证明题时，爱说"显然如何如何"，有的学生就会告诉老师：我不觉得"显然"，您给我讲讲到底是为什么？老师觉得很奇怪，认为这个没有什么思维难度，你怎么还不懂呢？实际上原因很简单，思维就像人的脚步，大人走一步，小孩就得走两步，因为你的腿长，你的步子大，所以你要帮学生把思维的桥梁搭好。对于不同的人来说，知识背景和理解能力不同，思维的跨度也是不一样的，因此，有经验的老师在遇到这类问题时，会注意到孩子的理解力差异，不仅引导他们追根溯源，讲解问题的时候还要注意思维的跨度不能太大，否则学生就跟不上老师的思路，难以真正理解。

　　另外，有的时候要鼓励学生提"无中生有"的问题。就是学生提的问题出乎老师的预料，超出教材的内容，甚至是老师都不知道答案，或者老师都没有注意到的问题。教师应鼓励和指导学生观察世界、观察生活、观察社会，分析思考现象背后的本质，遇到自己解决不了的问题，就去查资料，向同学和老师请教，这是培养创新能力、创新素养的重要方式。只要学生有疑问，无论是否与学科有关，是否显得幼稚，老师都应该鼓励他们大胆提问，具有问题意识、质疑精神远比问题本身更有价值。

敢于向学校提问

教师不能只关心自己的教学这个很窄的方面，更要关心整个学校的大教育，要跟学校融为一体，关心学校，关心身边的老师，只有关心学校才能关心社会、关心国家。要搞好一班之教育，就要关注一校之教育、一国之教育，乃至世界之教育。教师"问学校"，就是追问学校教育的价值和自己工作的价值，追问教育的终极目的，在追问的过程中增强对学校文化的认同和教师职业价值的认同，树立教书育人的教育情怀。

教师应该有给学校、给校长提问题的意识。不一定要当着校长的面去问，或者一定要向学校写个书面的材料去质询，重在内心要有这种提问的意识。年轻教师觉得学校的管理，校长的说法，学校的制度、做法有什么不好的时候，都可以问清楚为什么要这样做，只有思想上认同，行为上才能自觉。

老师常针对学校管理提问，还能促使老师提升教学之外的能力。因为老师不仅要注重专业方面的提升，懂得如何教育学生，懂得如何提升学科教学水平，还应努力成为一个优秀的管理者，因为只有管理好自己的日常生活才能成为学生的示范。现在有的年轻教师自己住的宿舍又脏又乱，那他怎么能管理好班级，怎么能管理好学生呢？一个老师，本身就应该成为生活整洁、有良好业余爱好、读书上进的人，老师自己要成为学生学习的标杆。

善于向自己提问

一个不断叩问自己的教师，他总能发现自己工作中存在的问题，不断反思和总结，自然各方面工作会做得更好，进步更快。教师这个职业是教无止境的，永远没有最好。我在清华大学当教师的时候，每次把原来的教案拿过来，总会发现还有改进的空间。在教师的职业发展过程中，不断地反思自己的教育教学，才能不断进步，让自己的教育教学水平不断提升，使自己成为"名师"。

教师的职责是教书育人，每一个教育工作者都应有更高的境界、宽广的视野和家国情怀。教师培养的是面向未来的人，教师要引导学生寻找社会中存在的问题，主动调查研究，再指导学生提出建设性意见和建议。在没有提倡垃圾分类的时候，清华附中初中部的学生们就走访小区，一份一份调查问卷做过许多垃圾分类方面的调查研究，然后提出垃圾分类的建议。教师应鼓励学生真实地面对社会，发现问题并深入探究，提出解决方案。

教师要立足本职，多思考教育本身的发展规律，特别是要多研究教育的原理性规律。比如信息技术的出现，给教育带来了极大的挑战，老师应该多思考，社会和教育自身的发展给教学及育人带来的一些新的问题。

老师只有时常问自己并努力去寻找答案，才能成为能面向未来、能应对时代变迁的老师，才能够培养出具有新时代富有担当精神和国际竞争力的人才。

努力成为"三有"反思型教师

我们知道,要想成为一名高超的棋手,必须经常进行"复盘"的工作,这是棋手提高自己水平非常重要的手段。复盘就是重新思考和推演下过的某盘棋,看看哪步棋的走法有问题,是不是有更好的走法,这样做有利于总结经验、发现问题、克服弱点,从而达到改进和提高水平的目的。棋手的"复盘"其实就是一个反思的过程。

教师的职业性质和特点,决定了教师更应该懂得反思、善于反思。联合国教科文组织在最新发布的全球性报告《共同重新构想我们的未来:一种新的教育社会契约》中指出:"教师的教学应进一步专业化,……反思、研究和创造知识以及新的教学实践应成为教学的组成部分。"

教师的反思,是指对已经发生的教育教学事件或某段教学经历,对照目标和流程进行总结,以发现问题偏差,总结经验教训,改进教育教学水平,帮助学生健康成长。

有些教师,工作了三五年,成长进步非常快,相反,有些教师工作了一辈子,仍然没有什么明显的进步。之所以会有这样显著的差异,除了有自身起点、个人潜质的影响因素，更重要的原因在于是否善于反思。一个教师，要想自己快速进步，更好地促进学生成长，就一定要努力成为反思型教师。只有不断反思，教师才能从实践中不断总结经验，再反过来促进教学水平的提升，让自己的职业生涯形成螺旋式上升结构，也只有不断反思、提炼，才能形成自己的风格，成长为名师。

不善于反思的教师一般有三种：第一种是自以为是、骄傲自大的人，认为自己非常优秀，做得很好，没什么需要改进的了，没有必要反思；第二种是自我要求较低、不求上进、没有远大理想的人，他们教书只是为了"混口饭吃"，没有把教育当成事业来做；第三种是认知水平不够高的人，不懂得该如何反思，总是跳不出自己的逻辑，看上去很努力，但是却找不准该努力的方向，所以始终进步不大。

反思对于教师来说，不仅是职业的需要、教育的需要，更是满足学生成长的需要。可以说，不愿反思、不善反思的教师是不合格的教师。努力成为反思型教师，既是一种倡议，更是一种要求。

教师应该如何反思呢？我认为可以从以下三个方面入手。

第一，对照教育方针找差距。教师的职责是教书育人，肩负"传道授业解惑"的职责。教师应当经常问自己：我为什么要当教师？我要当一个什么样的教师？我要怎样对待学生、对待同事？我能给学生什么？这是教师从事教育教学工作的源动力。教师在自我反思的时候，要有与时俱进的精神，要处理好继承与创新的关系，不能囿于过去自己的老师教自己以及自己学习的经验，不能"长大后我就成了你"，而应顺应时代发展和教育改革发展新形势，与当下的教育政策、课程教学改革理念对标，与时俱进，在继承基础上有所摒弃和超越。只有不断地通过反思提高思想认识，才能做一个既会"教书"又懂"育人"的"四有"好老师。

第二，对照教育名师找不足。年轻教师要经常在工作中向有经验的优秀教师请教，与同事讨论交流，以增加自己处理问题的方法和信心，同时给自己找到榜样和目标。听优秀教师的课，或者观看名师的教学录像，再对照自己的教学设计和课堂教学实际，看看有什么不同，名师的优点在哪里，哪些是值得自己学习的，自己需要如何改进，然后在教育教学过程中再实践、再提高，这就是一个反思的过程。在清华附中，除了"同伴互助"，还有"师徒结对"等形式，以制度安排的方式促使年轻教师反思，让经验丰富的教师指导年轻教师反思。教师还要多看教育教学专业书籍，将书本中的理论、方法与自己的教育教学实践相结合，以理论指导实践，通过读书、学习促进反思、少走弯路、不断提高。

第三，对照教学目标找问题。教师应掌握围绕教学展开反思的基本方法，首先要对照教学目标反思教学设计（也即通常说的"备课"）是否科学合理，如新知识的学习如何导入、课堂如何互动、组织学生开展哪些探究活动、下课前如何小结提升，等等，课上完后根据实际情况再回头看，这样设计是否合理，有没有需要改进的地方。其次，要对教学过程现场生成情况进行反复，因为课堂情况是千变万化的，不一定符合教师的预设，课堂上出现"意外"情况如何处理，自己的应对策略是否正确，有没有更好的做法？这些都是需要课后进行反思的。很多教师还有一个做法我认为值得提倡，就是把自己平时讲的课录下来，然后自己再回看，如同照镜子一样，对于课堂上不顺畅、不满意、出问题的地方，多问几个为什么，看看自己在教学语言、组织活动、点评学生等方面有什么问题，思考如何才能做得更好。教师还应该深入研究学情，选择用学生喜欢的方式开展教育教学活动，无论是教学语言，还是教学活动，都要符合学生的理解能力、接受能力。教师不仅要自己善于反思，还应该指导学生开展学后反思，而不是简单地说："你好好反思一下。"学后反思需要进行设计，需要方法指导，它不是课堂小结，也不是课后作业。学后反思是学生非常重要的学习经历，是从知识技能到素养养成的重要学习过程。

努力成为反思型教师，需要做到"三有"：

一是有动机。如果一个教师每天都"得过且过"，从没想过如何进步，满足于"不被学生赶下讲台"，那就根本没有反思的动机，成长和进步也就无从谈起了。因此，教师要愿意努力把工作做得更好，有成为优秀教师、名师的愿望，有追求卓越的渴望，有不断前进的目标，这样才能在反思中不断成长。

二是有动力。教师要认识到反思的价值，感受到反思的意义，敢于反思、经常反思、深刻反思，才能让自己在教学中不断感受到学生的进步、自己的提高、家长的认可和学校的肯定，感觉到反思有用、有效，对自己有提高、有帮助，这样的反思才有意义。

三是有固化。教师在反思之后，要把自己的反思写出来，形成文字。写出来的过程就是系统梳理、二次思考的过程，"好记性不如烂笔头"，反思如果不及时记录下来，久而久之就会淡忘。记录下来经常翻看，提醒自己，才能真正指导自己不断改进，也便于从中找到教科研的课题，从而进一步研究、深化，提升教育教学水平。

从学校层面来讲，不仅应倡导教师反思，还应该通过一定的制度设计和组织安排促进教师、校长、管理干部、教研组等进行反思。学校应该倡导开展批评与自我批评，建立一种人人善反思的文化氛围，让反思成为学校的文化，成为教师的自觉行为。

建设优秀的班级文化，班主任何为

班级授课制最早起源于 16 世纪的欧洲。1632 年，捷克教育家夸美纽斯在《大教学论》中第一次提出"班级授课制"，德国教育家赫尔巴特和苏联教育家凯洛夫分别对其进一步完善。目前，班级授课制已经是普遍采用的学校组织形式。中国最早采用班级授课制的是 1862 年的"京师同文馆"。清政府颁布《奏定学堂章程》（即 1903 年的"癸卯学制"）之后，班级授课制才在全国范围内广泛实施。

班级自产生以后，就作为学校的基本"细胞"，成为学校落实办学理念、实现育人目标的最重要单位。班级授课制有很多优势，比如，学校把学生按年龄和知识水平分别编成相对固定的"班级"，教师可以同时对班级内的所有学生进行同样内容的教学。这样，一位教师同时教授多名学生，教学效率大大提高，而且能使全体学生共同进步。以班级为单位开展教学活动，可以由教师设计、组织和实施，既可以由教师系统讲授，也可兼用小组讨论等其他方法。班级的人数相对固定，有统一的时间单位，有利于学校合理安排各学科教学内容、进度，并加强教学管理。

学生在班级里学习，有共同的目标，参与共同的教育活动，可以互相交流，互相影响。老师启发学生思维、想象能力及学习热情，对学生进行经常性的思想政治影响，从而使"班级"具有某些共同的显著特征，形成独特的班级文化。优秀的班级文化能够营造浓郁的学习氛围，增强全班学生的凝聚力，有利于教育理念落地生根，有利于学生健康成长。

班主任是班级文化建设的直接领导者和参与者，建设形成良好的班级文化是班主任工作的应有之义、应尽之责。要建设优秀的班级文化，除了学校对班主任的共性要求之外，班主任自身还要具备一些个性特征，可以说，班主任的风格影响甚至决定着班级文化的特色。

建设优秀的班级文化，班主任要在学生心目中树立良好的形象。班主任要成为学生的人生导师，就要非常注意自己的形象。作为师长，一方面要有威信、威严，另一方面对学生要有发自内心的爱。没有爱就没有教育，教育的秘诀是真爱。班主任要真正爱学生，对每个学生都要关心、爱护。清华附中"北京市学生喜爱的班主任"吴丹丹老师，被学生亲切地称为"丹丹姐"，学生这样评价她："自从丹丹姐制订了早上7：30准时进班的规定后，她就以身作则，每天早上准时出现在班里。点名签到、作业和卫生督促、紧急通知传达，一项项任务有条不紊地安排下发，不浪费一点时间。她的守时和对时间的利用令迟到或是早读前无所事事的同学汗颜，迟到的同学少了，早读前学习的氛围浓了；在课间操的时候，丹丹姐的身影总是在操场上出现。如果课间操前一节没有课，她还会和我们一起跑操锻炼。有了丹丹姐的陪伴，跑操的同学不再一脸痛苦，而是主动下楼和丹丹姐一起跑步打卡。"班主任是学生的人生导师，要以长者、师者的身份真心关爱学生，从老师的外在形象到言行举止，都要以身作则，该严的时候严，该宽的时候宽，和善而坚定，在学生心中有威信、威望。建设优秀的班级文化，班主任要着力培养学生的集体主义观念和集体荣誉感。班主任要营造宽松、包容的班级文化氛围，让学生心情愉悦，愿意参加班里的各项活动，积极为班集体争光。清华附中徐蓉老师在接班之前，对学生进行了全面的了解，发现学生们做事缺少方法、缺少认真的态度，也缺乏积极性。她发现学生对自己、对班级缺乏信心时,她的第一节班会课不是制定班规班纪,而是带着学生们通过各种形式写运动会宣传稿。当运动会上她所带的毫无体育特长的班级被宣布获得了"宣传一等奖"时,全班同学露出了惊讶又欣喜的表情,班级信心和凝聚力在那一刻突然迸发。这种"惊喜"越来越多,同学们就越来越相信班主任,相信班级,相信自己。

班主任要平等对待每个学生,不放弃任何一个学生,让每一个学生都能融入班集体,在班级里有归属感。班里总有学习能力不足的学生需要帮助,任课老师很难开展一对一的答疑辅导。徐蓉老师在班级组建了"学生答疑团",日常为班级学习有困难的同学讲解作业,考试前相互答疑解惑,考试后交流经验,还组织了各种以答疑团为单位的知识竞赛、辩论赛等活动。在坚持不懈的努力下,学生们的学习能力不断提高,没有一个学生掉队,班级凝聚力也越来越强。

建设优秀的班级文化,班主任要尊重学生的个性,发扬民主,提高学生自我教育、自我管理能力。班主任要让每个学生都发光,除了关注自己所教的学科,还要关注学生在其他学科的表现;除了关注学生的学习,还要关注学生在课外活动、劳动实践、体育艺术等活动方面的表现,给每个学生以表现和成长的机会。班主任要处理好民主与集中的关系,班级公约、班级制度、规则等,不应该由班主任一个人制定,而应让全班学生共同参与、共同制定,在表达方式上也应"接地气",用学生自己的语言,让学生容易理解、乐于接受。清华附中的徐利老师在入学伊始就和同学们一起制定班级公约。公约从校园学习、生活的细节入手,对班级所有事务和纪律要求进行商讨和细化,形成书面的、能为绝大部分学生认可的班级管理制度,并且建立监督机制。这样,学生就可以从班级规定的制定者,变成执行者和捍卫者,从而强化自我约束、自我管理。

学校里同年级的老师和学生是互相影响的。班主任要加强与其他任课教师的交流,形成合力,共同促进学生的健康成长。班主任既要按要求贯彻落实学校的各项工作计划,又要结合年级和班级实际情况进行创新。在推行"班级自治管理"这项要求时,清华附中尹丽娜老师是这样做的:根据学生特点调动学生的积极性,鼓励学生结合自己的特长参与班级活动，充分发掘学生的内在潜能。班级组建初期，成立班级活动小组，将班级工作分为多个模块，采用抽签的方式将班级工作分给不同的小组，所有组员共同商量完成班级管理工作的方案，两周后重新抽签改变小组分工。通过这样的方式让全体学生参与到班级管理之中。当班级小组工作趋于稳定后，她放手让各个小组独立处理班级事务，快速形成班级管理核心力。她召集核心工作组定期召开班级工作会，通过复盘上一阶段的班级工作，分析班级中存在的问题并解决问题，指导学生开展有效的班级活动，随后带领学生策划下一阶段的班级工作。她所带的班级不但凝聚力强，而且学生自主管理水平高，班级学生在卫生、纪律、学习、参与活动等方面均有很好的表现。在"班级自治管理"工作推进的过程中，尹老师非常注重与同年级任课教师沟通，及时了解年级其他班级此项工作的进展，用以鼓励本班学生不断改进、持续做好这项工作，同时，尹老师班上学生的工作情况也对同年级其他班级的学生干部有启发和帮助。在优秀班级风气的带动下，全年级的风气也越来越好。

建设优秀的班级文化，班主任要有较强的家校合作意识和沟通能力，更好促进家校形成合力。班主任要加强与家长的沟通、交流，得到班里绝大多数家长的理解与支持。清华附中许姗姗老师，邀请班里家长每月任意确定主题写一封书信和孩子交流，要求家长在书信中一定要包含对学生的正面评价，然后她在每周一的晨会上朗读给学生们听，内容包括情感交流、共同面对和解决问题、读书推介、价值塑造等各个方面，助推了班级和谐文化生态圈的建构。

在"全纳式教育"的理念下，每个班里都会有一些特殊的学生，这些生理、心理存在问题的孩子"随班就读"，给班级文化建设和班主任的管理工作带来一些挑战。但是换个角度看，这也是班级文化建设和对学生进行价值观教育的独特资源，为培养学生关爱他人等品格提供了真实生活情境。班级就是社会的缩影，学生的成长是一个社会性成长的过程。班级文化建设，就是要创造环境，让学生在这个"小社会"中学会做人、学会与人相处，树立正确的"三观"，成为一个关心弱势群体、有爱心、有责任心、有服务社会的意识和能力的人。

中小学教师要不断提高数字素养

近年来,世界各国纷纷制定了数字经济发展战略,出台了相应的鼓励政策,数字经济的发展正在对教育产生重大影响,现代社会已经变成了虚拟空间和现实空间相交融的数字社会,对中小学教师的数字素养要求也越来越高。

努力成为数字时代的"原住民"

有人说,现在的学生是数字时代的"原住民",因为他们从小就在互联网、大数据、云计算、人工智能、区块链等技术的包围中成长,在他们的认知当中,这一切都是理所当然的,没有什么值得惊讶的,也是他们习以为常的生活方式、学习方式、交流方式甚至工作方式。而现在的教师则是数字时代的"移民",因为在教师的受教育和成长过程中,数字技术是"外来的",需要教师突破原有的思维方式、生活方式、交流方式和工作方式去重新认识和学习。在现实中,许多学生的信息技术水平超过了中小学教师,这给中小学教师带来了极大的挑战。

比如,在面对"元宇宙"一词时,学生接受得很快,他们认为这是很自然的概念,而中小学教师可能在听到这个词时，先是感到疑惑，之后再查找相关资料才能理解它的意思，并且也不一定能很快认可和接受这个概念，这就是"原住民"和"移民"的差异。

在数字时代，中小学教师必须努力提高自己的数字素养，在边发展、边使用、边治理的过程中，加深自己对数字技术的理解，提高运用能力。教师的职责决定了，教师不只是要让自己适应数字时代，同时要积累经验，让我们的下一代能更好地适应数字时代，创造更美好的数字时代。

以开放的心态先接纳，再实践

教师如何提高自身的数字素养？

首先，教师要以开放的心态，勇敢地张开双臂拥抱数字时代的到来。对于数字时代的各种新生事物，教师应该乐于学习、善于学习，大胆地接受新理念，学习和掌握新技术，让自己的数字素养不断提高。

其次，教师要努力在教育教学实践中尝试运用数字技术，提高自己的信息获取、识别、加工、应用能力，通过大数据、人工智能和虚拟现实等数字时代技术提高课堂教学的效率，提升课堂的吸引力，更好地践行因材施教理念。当然，具体到某个学科，数字技术对于教学未必有帮助或者说是必需的，但是教师有这样的意识，经常和学生交流探讨数字技术相关话题，就能拉近和学生的心理距离，让学生觉得老师不落伍，从而"亲其师，信其道"，从教师身上学到敢于挑战、敢于尝试等有利于适应未来时代的精神。

培养适应未来创造未来的时代新人

教师如何提升学生的数字素养？

一方面，教师要重视数字时代相关知识和技能，让学生掌握相关工具，更要搞清楚相关工具背后的算法、逻辑等原理，训练学生如何识别、加工和创造数字技术，提高学生的数字素养。目前虽有一些信息技术、编程方面的课程，但缺乏系统提升学生数字素养的相关课程及教材，故而教师个人的作用更加重要。

另一方面，教师要教育和引导学生树立数字化思维方式和治理方式，特别是数字时代应具有的道德意识、法律意识，这是比知识和技能更重要的东西。在数字时代，每个人可拥有现实世界和虚拟世界的双重身份，而来自于虚拟世界的信息，往往令人难辨真伪，一些人在虚拟世界中，法律意识和道德观念淡漠，"水军"、网暴、谣言……面对各种鱼龙混杂的信息，学生需要提高媒介素养，具备明辨是非的能力。教师的职责是教书育人、立德树人，这一职能也要适应数字时代的新特点新要求。现在互联网的治理水平还不是十分成熟，学生们在使用过程中肯定会遇到一些问题。教师要努力让他们和数字时代共同成长，以正确的态度对待数字时代的各种现象和问题，并创造更好的属于他们的数字时代。

PART 5

附 录

媒体访谈

清华附中探索"不肤浅"的体育教育

新华社 记者 王镜宇

2021年10月下旬,清华大学附属中学校长王殿军突然成了"网红"。一段短视频在朋友圈被很多人转发、点赞,视频的标题是:"清华附中校长王殿军:90%的人都把对孩子的体育教育想肤浅了。"

在不到两分钟的视频里,王殿军金句频出。"我认为许多校长和教育工作者对体育的理解特别肤浅!""身体好,难道就不要搞体育了?""体育充满了偶然性,比赛结果既反映实力也会受到偶然因素的影响,怎么面对比赛结果,背后反映的是一个人的成败观和规则意识。"……

王殿军告诉记者,这段视频原本是他在8月下旬参加一个活动时接受采访的内容片段,没想到过了两个月引起了这么大的反响。他说:"清华附中一直在挖掘体育的育人价值,在这方面我也一直在思考,那次采访是有感而发。"

"体育本身是教育,体育具有重要的育人功能,体育锻炼可以提高身体素质、增强体质健康、提升运动技能;体育在培养人的道德情操方面具有独特的作用,隐含着天然的德育;体育还能激发多感官协调发展,促进大脑发育;此外,体育运动让人释放压力,可以调节情绪,促进心理健康发展。"王殿军说。

清华附中经常在不经意间因体育元素而引发社会关注。在今年夏天举行的东京奥运会上，为中国军团斩获首金的射击运动员杨倩就来自清华附中的马约翰体育特长班（以下简称"马班"）。高中时期，杨倩因为运动成绩突出从宁波体育运动学校转入清华附中。在清华附中，她一边接受专业的射击训练，一边跟普通学生一样完成学业，后来通过高水平运动员招生考入清华大学经济管理学院。

杨倩在东京奥运会射击女子 10 米气步枪颁奖仪式上"比心"
（新华社 鞠焕宗 摄）

在东京奥运会中国代表团阵容中，出自清华附中的不只杨倩一人。夺得两枚跳水金牌的施廷懋、中国女篮内线大将韩旭、跳高名将王宇等，也是"马班"通过体教融合方式培养出来的优秀运动员。据不完全统计，自 1986 年创办至今，"马班"已培养了 8 名国际健将、34 名运动健将、329 名一级运动员，为包括清华大学、北京大学在内的高校高水平运动队输送了 645 名学生运动员。此外，清华附中代表队还曾获得世界中学生篮球锦标赛冠军、世界中学生三对三篮球锦标赛男女队冠军。清华附中男篮在中国高中篮球联赛中14次摘得全国总冠军,学校被列为"国家体育总局篮球/射击后备人才基地""国家级体育项目传统校""国家级校园足球特色学校"。

在采用体教融合方式培养高水平运动员的实践中,清华附中始终把文化课学习放在重要位置。在教学内容方面,统一执行教育主管部门规定的教学大纲。"马班"对初中阶段学生实行混班制,高中阶段则是独立编班与分层分班教学相结合,注重学生综合素质的全面提升和发展。

王殿军说:"'马班'的理念是不让有体育天赋的孩子过早离开正常学习环境。体育是个小世界,而人生不能太单调。如果太单一,对孩子的身心成长不利。"

"马班"这个"金字塔尖"的成功实践让王殿军感到欣慰,而更让他自豪的是面向全体学生的"人人体育"。清华附中的体育活动非常丰富,除了教育部门规定的体育课程和每天一小时的体育活动之外,这里每年还会举办春季趣味运动会、秋季田径运动会、校园足球嘉年华、班级足球联赛、年级篮球联赛、广播操比赛、集体大绳跳绳比赛、拔河比赛、圆明园长跑、远足探险等各式各样的体育活动,在学生中传播"无体育,不清华"的体育精神。

清华附中篮球队球员石奎在比赛中庆祝得分

(新华社发)

对于那些对体育有更多热情和兴趣的学生，清华附中努力为他们提供进一步发展的空间。学校充分利用现有师资和软、硬件条件，开设了多门体育类校本课程，包括足球、篮球、羽毛球、乒乓球、啦啦操、攀岩、橄榄球等。此外，学校还有各种各样的体育类社团，比如轮滑社、定向越野社、紫荆篮球社、足球社、乒乓球社、腰旗橄榄球社、网球社等等，满足学生们的个性化需求。

"体育中考只是一个基本要求，我们的很多学生对体育有更高的追求。清华附中有十多门体育选修课，方便学生们培养一两项受益终身的爱好和体育项目。"王殿军说。

最近两年，《关于深化体教融合促进青少年健康发展的意见》《关于进一步减轻义务教育阶段学生作业负担和校外培训负担的意见》等文件先后出台，外界对学校体育工作的关注和重视日渐提升。王殿军说："希望全社会还有教育界的同行们一起努力，进一步挖掘体育的育人功能。"

"体育塑造人格、品格的价值很高，是人才培养的基石。学校体育，既关乎全民健康，也是发现苗子的机会。体教融合，我们大有可为。"

王殿军：引领学生绘制生命最美的图案

《中华英才》记者　王晓超

　　赢得高考，却不只为高考。在学校教育和社会责任的视域中，王殿军始终笃信"为领袖人才奠基、引领教育改革创新、努力承担社会责任"这三大使命。"许多学生真的会超过老师，而且是远远地超过。我经常跟清华附中的老师讲，不能将自身的水平作为学生的追求目标、上限，甚至天花板。教师不是要把学生教出来，而是要引导学生学出来。"

　　从 1982 年 1 月参加工作到今天，王殿军已投身教育事业整整 40 年了。2007 年 2 月，他由清华大学数学科学系来到清华大学附属中学担任校长，也已度过了 15 个春秋。一本本写得密密麻麻的工作日历，记载了他始终秉持"自强不息，厚德载物"清华精神的日常。回顾这 15 年的中学校长生涯，看着他每天安排得满满的日程表，让人不由感叹怎一个"忙"字了得。王殿军带领着他的团队，冲破低谷，勇创高峰，用清华人孜孜不懈的努力使清华附中不断超越、不断前进。

　　一名卓越校长不仅仅是优秀的教育者，更是教育改革和发展的推动者，王殿军不仅惠及了一批又一批学生，更是形成了一个优秀团队。他把卓越看作一种理念，又看作一种状态；看作一种目标，也看作一种行动。在他看来，追求卓越是"没有最好，只有更好"的进取精神。这样的精神，让他成为了基础教育领域中的先行者、引路人。

从教授到校长，以教育的方式引领学生改变世界

2007 年年初，王殿军来到清华附中担任校长，当时许多人都觉得很奇怪，为什么一个大学教授会到中学去做校长？其实，他自己也同样感到意外。那是 2006 年的冬季，大学即将放寒假，王殿军正在组织研究生入学考试数学的阅卷工作。大学组织部领导找他谈话，说有一项新的任务交给他，去清华附中担任校长。

后来，在与校领导的谈话中，王殿军才知道了组织的考虑。1982 年 1 月，王殿军在陕西师范大学数学系获得理学学士学位，后又于 1997 年 7 月在北京大学数学学院获得了博士学位。1999 年 8 月在清华大学数学系完成博士后研究工作后，他开始以副教授、教授的身份在清华大学数学科学系任教，担任过数学科学系研究生工作组组长、党委副书记、党委书记。王殿军在清华大学工作期间，还曾参与过清华大学的招生工作。这一经历，让他有机会接触全国有名的中学校长和优秀的学生，了解优质中学、优秀校长所具备的教学理念。清华大学校领导认为他对教学有独到见解，熟悉学生管理工作，了解基础教育，是附中校长的合适人选。回忆过往，王殿军说："这些东西回过头来看，对我当中学校长都是非常有帮助的。作为一个成年人进入中学校园，从另一个角度观察学校、观察学生，会有最直观的感受。这些资源对我进一步了解、熟悉中学教育，节省了很多精力，少走了好多弯路。"

当年校党委书记的一番话，让王殿军至今犹记。"你在附中工作的意义并不比在大学小。大学有几百个教授，而附中只有一个校长。一定要办好附中，要办得与清华的地位相称。要在中学教育方面有所创新、有所作为、有所引领。"

既然组织决定了，作为党员、作为清华人的王殿军便义无反顾地投入到了清

华附中的工作中。他当时想，数学那么难都能学会，难道中学教育就学不会？后来才发现，中学教育真的比研究数学难。接受这样一项工作，意味着每天要为百亩校园、为几百名老师、为数千名学生的学习、工作、生活和安全负责；意味着手机要 24 时开机，几乎牺牲所有的周末甚至节假日；意味着要放弃自己研究了几十年的数学学科，走下熟悉的清华讲台，放弃自己的全国名师梦；还意味着要回应家长与社会的期望……这一切谈何容易？然而，王殿军做到了。自他上任后，清华附中渐渐走出了不温不火的状态，教学质量稳步上升。从王殿军身上，我们看到了卓越校长领导力的五个方面——价值的选择力、教育目标的决策力、课程的创造力、教育队伍建设的推动力、利用各种社会资源推动学校发展的调整力。他潜心研究并实施学生综合素质评价，创新人才培养课程和中国本土的 AP 课程，引领中国基础教育改革向纵深发展。他坚持教育方针，勇担社会责任，诠释了清华附中"为领袖人才奠基、引领教育改革创新和努力承担社会责任"的三大使命，并把这种使命的种子广种到全国很多很多地方。

回想自己的求学经历，王殿军感慨万千。从陕北延安一个只有几十户人家的偏僻山村走出来的他，赶上了恢复高考后的第一班车，走出黄土高坡，走进大学，开启了人生最重要的一个转折点。他常常回想起父亲向人借书、在煤油灯下抄书的情景，是那些北京知青老师向他描绘的外面的世界，在他心里留下了岁月抹不去的鲜明印象。"重要的不是他们教给了我多少知识，而是让我有了志向、有了目标、有了追求，他们身上那种全面的素质、忧国忧民的情怀教育了我，影响了我。"

如今，他希望同样把这种影响力投射于自己的学生们。"在我心目中，优秀的学生应该满怀报国之志，对于人生充满激情和正能量，大气、自由、宽厚，有社会责任感，有远大的抱负。学校的使命究竟是什么？是担当起国家、民族、社会赋予学校的责任。我们既要传承历史，也要面对当下，更要前瞻未来、面向世界！"

核心领导力,带领师生再创辉煌

清华大学附属中学成立于 1915 年,作为历史悠久的名牌学校,在它傲人成绩的背后,也曾有过一度低迷的状态。王殿军的到来,无疑给这所百年老校注入了新的契机与希望。

为了打造百年名校,王殿军提出了九年规划。"3 年刹车,3 年平稳,3 年上升。没想到我们只用了 6 年时间就完成了这个计划。"

当初,王殿军觉得最难的不是师资也不是生源,而是如何提升士气重整旗鼓。"信任和信心是当时最需要解决的事情。"作为"空降兵",王殿军面临的最大问题就是如何服众。

"我一直在大学教书,对于如何管理青春期的孩子更是一窍不通。几百名老师、数千名学生的眼睛都看着我,只能从转变思路上入手。"

人之所以在一个地方迷茫徘徊,是因为两件事没有处理好,一个是不知道目标在哪里,第二不知道道路在哪里。无路可走和没有目标可追求的时候,就容易徘徊迷茫,失去信心。当时王殿军要做的,就是凭借自己的核心领导力,鼓舞并带动全校师生,让他们重拾信心。从学生入手,他提出要因材施教,点亮孩子心中的梦想,启动学生内心的发动机,之后无须再去加力,让学生自己运转起来。"一个优秀的、有经验的老师肯定不会只用一招对付所有的孩子。对不同的孩子要有不同的激发方式,因为孩子是千差万别的,大道理不一定适用于所有的孩子,让孩子认真投入学习的方法应该是可取的、有效的。"王殿军说,"对于一所学校来说,优秀的学生、雄厚的师资以及学校的办学水平是一个良性循环,但是不能把顺序颠倒了,并不是只要有了优秀的老师,就能教出优秀的学生。优秀的老师要给学生创造好的学习氛围,为学生提供必需的学习条件,引导学生,激励学生,让学生对老师所教学科产生兴趣。当学生产生了学习兴趣,就会自发地去钻研,钻研的程度可能比老师还要深,学的还要多,能力还要强。要让学生在学习中产生'内动力',这是一名优秀教师的任务。"

确立目标之后,下一步就是如何实施。王殿军制定了四项改革、七项措施,从教师问题、管理问题如何解决,到发展国际教育、教师培训、学生素质培养等,一整套方案纷纷出台。大家惊喜地发现,王校长并不是简单地喊口号,他的教育理念如此有的放矢又深入人心。渐渐地,全校师生心往一处想,劲儿往一处使,清华附中的教学质量连年攀升。

担任清华附中校长以来,王殿军一直有一个想法——希望在这样一所具有悠久历史、深厚文化底蕴和一流大学背景的学校里,培养出一批热血青年。"他们除了关心排名、分数和考入什么样的大学之外,还能关心身边的人和事。他们关注社会,关注世界,忧国忧民;他们立志成就大业,立志成为影响未来时代潮流的人,成为未来社会发展的引领者。他们将来不一定能成为领袖,但他们是具有领袖品格和领袖素质的人。我们有责任创造相应的锻炼平台和成长机会,努力提高学生的竞争力,为培养领袖人才奠基。"

以学生为本,为领袖人才奠基

采访当天,记者刚好赶上了清华附中篮球队的一场训练。体育馆内,初中部的男女队员正在打一场对抗赛。他们在球场中驰骋奔跑,那种朝气与活力,让记者感受到了久违的青春气息。抬头看,贯穿球馆上空的一排冠军旗帜更是耀眼。从2006年到2021年,清华附中男篮、女篮队共获了20多个冠军奖项,成绩斐然!

对此,王殿军心中满是骄傲。"在清华附中百余年的历史中,我们不断传承、纳新,从'以育人为中心,以学生为主体,为了每一个学生个性自由而全面发展'到'探索拔尖创新人才培养',再到'为领袖人才奠基',我们走出了一条'注重培养学生全面发展也注重培养学生个性发展,更注重培养拔尖创新人才'的一脉相承、与时俱进的育人之路。"

有人说，学校的办学理念决定了一所学校的灵魂和学生的素质。那么，"为领袖人才奠基"就是清华附中的灵魂。王殿军解释说，"许多人对'领袖'这个词比较敏感，容易理解为'政治领袖'，这与我们的定义相去甚远。我们说的'领袖'是指在各行各业中热爱自己的工作、卓有成就并引领行业发展的人，也就是这个行业或领域中的杰出人才、拔尖人才。"

清华附中定位的"领袖人才培养"，其实就是让学生选择自己的智力优势方向、感兴趣的方向，努力发展，并最终取得成功。

每个学校的使命都是为国家培养合格的人才。但是，每个学生存在个体差异，每个学校情况不同，社会行业分工对人才的需求也千差万别。所以，学校有同样的使命，但应该有不一样的特色。"办学要办奥运会，教育不搞世界杯。"王殿军特别赞成陈玉琨教授所说的这句话。他说："世界杯只有一个项目，最后只有一个冠军是胜利者，而奥运会体育项目众多，各路豪杰均有用武之地，而且设有金、银、铜牌，成功者众。所以，学校只有走多样化、特色化的发展之路，为不同潜质、兴趣的孩子提供适应其个性发展的教育，才能培养出多样化的杰出人才，适应社会发展对人才的需求。"王殿军认为，要充分发挥活动的育人价值，开展丰富多彩的活动，比如德育活动和体育活动。学生们并没有因此耽误学业，反而学得更好了，考试成绩直线上升。"这是因为学生通过德育、体育活动的学习，身心更加愉悦，生活的幸福感增强了。实践体验使他们更聪慧，思维更加活跃，学习效率更高，学习效果自然也就更好。"

培养创新人才是当今教育的一大使命，中学教育自当努力成为创新人才成长的土壤。这片土壤具备了一切让种子发芽的要素，但不强求每一粒种子一定成长为参天大树，成为一株带有春意的小草也会创造出别样的风景。王殿军强调说，"我最担心的就是磨灭了优秀学生的好奇心和想象力。要允许学生提出自己感兴趣的问题，探索自己感兴趣的课题。只有这样才能激发学生的学习兴趣，解决学生成长的动力问题。给每个学生以最适合的教育，不再单纯以提高应试成绩为目的，而是最大限度地提升学生的能力和素质，努力培养他们成为未来领袖人才，这就是我们的教育理想。我们培养的学生不见得未来都会成为领袖人才，但是我们提供的教育能够在他们身上留下烙印，能够让学生终生受益，这就是一种成功的教育。"

营造"向好"小环境

王殿军认为，教育不仅承载着传播思想、传播真理、塑造灵魂的时代重任，更承载着服务中华民族伟大复兴的重要使命。落实立德树人根本任务、培养德智体美劳全面发展的社会主义建设者和接班人的职责，应该由学校承担。因此，清华附中自觉肩负起了更多的社会责任。经过十年的研究和实践，清华附中研发了"基于行为记录大数据的 K12 学生综合素质评价系统"（后简称"学生综合素质评价系统"），建设了一套逐渐完善的学校综评运行管理制度，不但引领了教育过程"向好"，也为科学呈现学生学习水平和过程、服务高考招生选拔找到了一条可行的道路。

"学生综合素质评价系统"全面描绘学生成长过程，勾勒学生发展轨迹；与教师的日常教学紧密相连，利于教师引导学生深度学习；提供客观的大数据信息，有助于学校提高教育教学管理水平；面对中高考改革的要求，该系统可以满足不同班型的设计管理，如行政班、课程班（选课走班）、活动班（综合社会实践活动）的设置，并能保持良好的教学管理效果。

王殿军说："学生综合素质评价是中国教育改革，尤其是中高考改革最重要、也最艰难的环节。事实上，我一直认为它是一个持久而广泛的世界性难题。在我看来，有三个环节，处理的好坏直接影响教育发展，那就是选拔、评价、培养。其中，评价是选拔的依据，所以评价也就成了最关键也最复杂的环节。好的评价方式可以促进公平，引导发展，激发教育活力，对教育结果给出价值判断。现在的很多乱象，包括疯狂的课外辅导、极端应试的学校，都与我们过于单一的评价方式脱不了干系。可以说，现在的评价方式影响了很多教育工作者，让他们无法去做他们心目中理想的教育。"因此，"学生综合素质评价系统"的信息获取和分析，很大程度上成为了各级教育主管部门对所辖区域内的教育教学情况进行监测的重要手段之一，为其后续作出科学的、符合本地实际的教育决策提供了非常重要的参考依据。

2021年7月24日，中共中央办公厅、国务院办公厅印发《关于进一步减轻义务教育阶段学生作业负担和校外培训负担的意见》。这一重磅文件的发布犹如一石激起千层浪，引发社会强烈反响。

对于"双减"举措，王殿军认为，资本市场推动下的校外培训"野蛮生长"，危及国家教育治理体系，对学校贯彻执行国家教育方针造成干扰，这样的状况迫切需要改变。

"'双减'政策对学校、社会培训机构、家庭三者的功能进行了重构，学校要在学生的成长与发展上发挥主导作用，满足学生对教育的全部需求，原本由教育培训机构承担的教育需求，要转由学校完成。这在短期内将对学校形成很大的挑战，但是换个角度看，学生回归课堂主阵地，对于学校深化教育教学改革是一个契机。学校如何转变观念和职能、创新思路，将直接关系到'双减'政策实施的效果。学校是主动作为还是被动应付，会带来截然不同的结果。"

王殿军指出，落实"双减"政策，搞好课后服务工作，不是简单表表态、喊喊口号就可以做好的，学校要想办法解决一系列可能遇到的困难和问题。清华附中打破了班级甚至年级的概念，通过类似"走班制"的方式让学生们自主选择课后服务。"你需要在哪个地方自主学习，或者想要参加音乐、体育、美术、科技等课后活动，大家都有自由选择的机会。比如，在自主学习的时候发现问题，就可以在课后服务时间段找老师答疑。在'课后服务'时间里，班级的概念基本上没有了，所有活动都是选择性的，这是清华附中创新的地方。"

培养创新型人才,建构高阶思维能力

如何培养学生的高阶思维?这是王殿军在学校的教育当中特别关注的。这些年来,他在清华附中特别强调,一定要在课堂上引导孩子们进行有深度的思考,不能只停留在知识传授或者教授现成方法的层面。只有不断思考,才能锻炼思考能力,学会用不同的角度和方式去思考更加艰难的问题。

王殿军认为,一个人的思维能力和水平决定了未来的领导力和工作能力,培养孩子的创造力就要从小培养他的高阶思维能力。即面对复杂问题或艰深工作时,用什么样的方式去思考、分析并解决问题,包括个人态度和处理问题的方法与思路。

创造力、想象力,包括分析问题、解决问题的能力等等,在某种意义上都属于比较高阶的能力。这是专属于人类的思维能力。人工智能未来最难触碰的可能就是人类的想象力和创造力。因为总的来讲,机器是按照一定的程序来工作,它很难天马行空去想象一些东西。尤其创造力,是人类综合运用高级思维的重要活动能力之一。从认知学科的研究来看,创造力高低有一定的先天因素影响,但更多的要靠后天的培养和发展。因此王殿军认为,要看到教育,尤其是学校教育对学生高阶思维能力培养的重要价值和意义。

王殿军认为,培养学生的高阶思维,要打破今天以知识传授为中心的传统教育模式。清华附中十分重视课堂教学思维的深度,开设专家讲座,让大家了解什么是高阶思维能力,为什么要培养高阶思维能力,包括怎样培养高阶思维能力。学校还联合几个学校开展课题,引导大家来研究这个问题。

"我们要在课堂教学中下功夫,也要在日常学习生活中、探究学习项目中下功夫。培养学生高阶思维,并不是要单独搞一套,而是把这件事和日常的教育教学融在一起,不失时机地'借题发挥',把学生的高阶思维能力培养起来。"

普鲁塔克曾经说过一句话,"头脑不是等待填满的容器,而是等待点燃的火炬。"点燃什么?王殿军的理解就是点燃孩子们的思维能力。"必须有意识地把它融合

到我们的日常教育教学活动当中，努力发展学生的高阶思维能力，让他们创造更加美好的未来世界。"

扶光照微尘，"英才计划"助英才

成为清华附中校长伊始，王殿军就一直在思考一个问题，那就是中学尤其是重点中学的社会责任。"目前人们谈论大学的社会责任比较多。世界范围内公认的高等教育三大职能是人才培养、科学研究和服务社会。那么中学呢，中学的基本职能是什么？最根本的当然是教书育人——贯彻落实国家基础教育政策方针，满足人民群众受教育的权利，为高校培养、输送好苗子。因此，中学的最主要任务就是在尊重教育规律的基础上，努力提高教育、教学质量，为学生今后的专业学习和人生发展打好坚实的基础。除了这一天经地义的职能之外，中学特别是办学水平较高、拥有较高社会声誉和影响力的中学，要不要服务社会？这个服务社会的功能又该如何体现？"

近年来，我国在缩小城乡差别、义务教育均衡化等许多方面取得了举世瞩目的成就。但是，在相当长的时期内，基础教育区域之间、城乡之间、学校之间的差距仍将继续存在，实现真正意义上的教育公平、教育均衡，还有很长的路要走。无论是经济发达地区，还是经济欠发达地区，都存在许多家境相对贫困的家庭。

自古寒门出英才，在大量出身贫寒的青年学子之中，不乏天资聪颖、富有发展潜力的资优生。但是他们由于家庭条件比较困难，往往难以获得很好的教育机会，甚至有个别学生无法正常完成学业，很多人才因此被埋没。

中学阶段是培养兴趣爱好、陶冶高尚情操、树立远大理想的关键时期。但是，很多出身贫寒的学生没有机会接触社会，没有机会接触最新科技，甚至没有机会走出大山、走进发达城市，因而也就没有机会开眼界、长见识、增才干。许多出身贫寒、有天赋和潜能的孩子被排除在杰出人才的培养体系之外。王殿军痛心地说，

"人才苗子的浪费是最大的浪费，英才的损失是国家和民族最大的损失！"

王殿军表示，清华大学附属中学不仅要培养好自己的学生，还应该担负起更多的社会责任，让更多的优秀学子能分享我们的教育资源，发挥好示范和辐射作用。于是，在中国下一代教育基金会的支持下，依托清华附中，设立了"中华英才培养专项基金"。专项基金推出的第一个项目就是"英才培养计划"，旨在助推寒门英才梦想起航，为实现中国梦奠基。

项目自2013年至今，先后从云南省、四川省、甘肃省、吉林省、河北省、重庆市、贵州遴选出品学兼优的学生，成为"中华英才培养计划"项目学员，入选学员从初一暑期开始连续五年利用假期时间免费到北京清华附中参与培养活动。项目中少数民族学员比例达到31%。

该项目每年暑期开展为期两周的夏令营活动，根据年级不同，为学员设置不同课程。新入选学员以学习语文、数学、英语等学科课程为主，同时开展主题教育活动；即将升入初三的学员以学习语文、数学、英语、物理、化学等学科课程为主，除巩固学科知识外，开设拓展课程，开拓学员视野；将升入高中的学员，除学科课程外，提供初中三年及高一年级的物理、化学、生物的实验课程，既巩固知识又提高动手技能，能够更深刻地理解相关知识内容；已升入高中的学生，分文理科进行培训，有针对性地对学员所学过的知识进行梳理与总结，并为学员开设职业生涯规划课程。

除学科课程外，清华附中还为学员开设了创意思维、动画、摄影、3D打印、模拟飞行、跆拳道、音乐鉴赏、外教口语、心理、形体、汽车模拟驾驶、篮球、手工彩绘、音乐欣赏与演出、美术创作与欣赏、程序设计等专题课程，同时为首次参加培训的学员提供研究性学习课程，并带学员参观故宫、中国科技馆、首都博物馆、圆明园等，学员在参观中填写学习手册，学习历史知识，感受中国文化。

分门别类的特色课程，能够让孩子们体会不一样的学习方式，激发他们的学习兴趣和动力，开阔他们的眼界，让他们树立全面发展的观念。"星星之火可以燎原",王殿军坚信,一个学生积极向上的改变,潜移默化中会影响到班级中的其他学生,并带动整个班级的改变。经过几年的积累,则有可能逐渐影响到整个学校。通过这种以点带面的过程,发挥示范和辐射作用,就是名校承担社会责任和教育精准扶贫的具体体现。